CANTAR DE MÍO CID

28 biblioteca **edaf**

Anónimo

# Cantar de mío Cid

Transcripción moderna versificada,
con prólogo y notas de
LUIS GUARNER

www.edaf.net

*Director de Biblioteca EDAF: Melquiades Prieto*
*Edición de Luis Guarner*
© *De la traducción, Aníbal Froufe*
© *De esta edición, EDAF, S. L. U., Jorge Juan, 68 · 28009 Madrid (España)*
*Diseño de cubierta e interiores: Gerardo Domínguez*

Editorial Edaf, S. L. U.
Jorge Juan, 68. 28009 Madrid
http://www.edaf.net
edaf@edaf.net

Ediciones-Distribuciones Antonio Fossati, S.A. de C.V.
Calle, 21, Poniente 3701, Colonia Belisario Domínguez
Puebla, 72180, México
Teléfono: 52 22 22 11 13 87
edafmexicoclien@yahoo.com.mx

Edaf del Plata, S. A.
Chile, 2222
1227 Buenos Aires (Argentina)
edafdelplata@edaf.net

Edaf Antillas, Inc.
Av. J. T. Piñero, 1594 - Caparra Terrace (00921-1413)
San Juan, Puerto Rico
edafantillas@edaf.net

Edaf Antillas
247 S. E. First Street
Miami, FL 33131
edafantillas@edaf.net

Edaf Chile, S. A.
Coyancura, 2270, oficina 914. Providencia
Santiago, Chile
edafchile@edaf.net

*Cuarta edición,*

*ISBN:* 978-84-414-2527-9
*Depósito legal:* M-43.645-2011

*Impreso en España - Printed in Spain*
*Impreso por Publidisa*

# Índice

# Prólogo

## I

EL CID, MITO LITERARIO ESPAÑOL

DE cuantos mitos aportó el genio de nuestra literatura a la universal, es, sin duda, el del Cid el más trascendente, ya que, esta vez, el héroe no es tan solo un ente de ficción, sino la misma sublimación de nuestra realidad histórica, de la que asciende para convertirse en la figura representativa de todo un pueblo.

El famoso personaje histórico castellano que llegó a ser el máximo paladín de nuestra Reconquista hispánica, con plena conciencia de su misión unificadora: el Campeador invulnerable de todas las batallas en que interviniera; el caudillo predestinado que logró engrandecer su tierra, muchas veces a pesar de sus mismos reyes, se transformó, por gracia de la poesía —más profunda y filosófica que la historia misma, en el concepto aristotélico—, en el excelso símbolo de una raza, convirtiéndose en el héroe más universal de España, de cuya realidad histórica nace y —como lo vio Menéndez Pelayo— «se levanta eternamente luminoso con su luenga barba no mesada nunca por moro ni por cristiano; con sus dos espadas, talismanes de victoria». Es como «el producto de una misteriosa fuerza que se confunde con la naturaleza misma».

El Cid es ya para el mundo del espíritu el héroe que encarna, como protagonista poético, el prototipo del ideal caballeresco, según se concibió en la Edad Media; y así como Aquiles fue el héroe de Grecia, y para Francia es símbolo heroico el esforzado Roldán, para España es el Cid la encarnación de su héroe nacional, en quien se concretan todas las virtudes y hasta todos los defectos de su raza, y no ciertamente por la grandeza fabulosa de los hechos realizados — los hay en nuestra historia de mayores dimensiones—, sino por «el temple moral del héroe, en quien se juntan los más nobles atributos del alma castellana; la gravedad en los propósitos y en los discursos, la familiar y noble llaneza, la cortesía ingenua y reposada, la grandeza sin énfasis, la imaginación más sólida que brillante, la piedad más activa que contemplativa, la ternura conyugal más honda que expresiva, la lealtad al monarca y la entereza para querellarse de sus desafueros»; por aquel realismo sencillo y puro de sus acciones heroicas y humanas, en las que se van reflejando todas las virtudes caballerescas que constituyen el genio moral y poético de la raza hispana, que, sobrepasando las realidades históricas, perfilan el tipo de un heroísmo colectivo que, sin despojarlo de su valor individual, le dan aquella personalidad, aquella existencia luminosa y genial que lo convierte en símbolo representativo, en figura mítica de toda una literatura. El Cid se transforma en «el Aquiles de nuestra patria —como dice Menéndez Pidal—; su historia es nuestra *Ilíada*, nuestra epopeya; no tenemos otra; y esta epopeya, como todas las verdaderas epopeyas, no es la creación de un poeta ni de un historiador, es la creación de un pueblo», que ve y admira en el Campeador a su héroe epónimo.

Por encima de lo que han dicho sus historiadores contemporáneos —tanto cristianos maravillados como árabes atemorizados—, y por encima de lo que nos cuenten los cronicones medievales y, modernamente, juzgue la crítica histórica, desde sus más contradictorios puntos de vista, pasando de un irreflexivo propósito de canonizarlo a una obstinada negación histórica, la figura egregia del Cid no podrá ser jamás ni la de un santo ni tampoco la de un forajido, ya que ni lo uno ni lo otro podría ser el protagonista de la epopeya genial de un pueblo.

El Campeador, transformado en héroe, se elevará para siempre, magnífico, y, como en la guerra, invulnerable a las pasiones partidistas, en las alas eternas de la poesía, desde que apareció en los versos rudos y balbucientes del *Cantar de mío Cid*, para atravesar, a lo largo de toda la Edad Media, en sus etapas históricas, como héroe de nuestra épica, y convertirse, después, en el personaje principal del Romancero español, y subir, como protagonista, a los escenarios de nuestro teatro clásico, resucitando, en la centuria siguiente, del perdido manuscrito del cantar —que en ese siglo reaparece—, y recobrar su personalidad con el ardor sentimental del Romanticismo, que lo convierte en héroe de nuestra novelística histórica del siglo XIX. De ella ha de pasar aún, atravesando los nuevos avatares que se suceden en la literatura moderna: al teatro, a la poesía, a la novela y al cine.

En esta persistencia del Cid como héroe literario estriba, sin duda, la demostración más contundente de que es, y ha de ser, eterno este glorioso mito que a la literatura universal entregó la eterna realidad histórica de España.

## II

### EL CANTAR DE GESTA DEL CID

No a mucha distancia cronológica de la muerte del Cid (1099) —al que, ya en vida, se le había ensalzado en los versos latinos de un *Carmen Campidoctoris* (antes de 1093), y del que la crónica culta dejó constancia en una *Historia Roderici Campidocti* (once años después de su muerte)—, la voz de los juglares castellanos difundía por aldeas y palacios las hazañas de aquel Campeador invencible, cuyos hechos rebasaban la historia para ascender al ámbito de la poesía. Así nacía uno de aquellos «cantares de gesta» que, transmitido de unos juglares a otros, se iba refundiendo a lo largo de su difusión oral, que heredaban las sucesivas generaciones, para las que la figura del héroe adquiría proporciones épicas.

Si bien la crítica moderna ha podido deducir la existencia en España de bastantes de estos cantares de gesta, lo cierto es que de los tres únicos de los que se tiene el texto (aunque fragmentario), el más antiguo es este cantar cidiano, que, casi íntegro, ha llegado hasta nosotros.

Las características lingüísticas que el cantar presenta (según se advierten en el único manuscrito que lo conserva), así como su versificación y otros detalles históricos que pa -

tentiza, inducen a la más exigente crítica filológica a considerar esta obra como de la primera mitad del siglo XII. Según don Ramón Menéndez Pidal, debió de ser compuesto hacia 1140, sin que posteriores proposiciones de fecha —anterior o posterior— hayan podido prosperar hasta ahora.

Es, pues, este cantar el más antiguo documento épico que se conoce, ya que, si bien se tiene conocimiento de que existieron cantares o rapsodias en loor del Cid, como atestigua un cantar latino sobre la conquista de Almería, es lo cierto que hoy no contamos con estas primitivas rapsodias que constituirían el nexo entre el citado cantar latino y este cantar de gesta que, por primera vez, nos presenta en nuestra lengua los hechos del Cid a lo largo de las más gloriosas etapas de su vida.

Desfila por este cantar, en la marcha de sus versos rudos y balbucientes, la egregia figura del héroe castellano, con una elevación moral insobornable en sus acciones y empresas, que hacen del Cid una figura humana, aureolada de una popularidad que lo transfigura e idealiza, convirtiéndolo en el arquetipo de la epopeya decididamente nacional. El carácter del Campeador, que llena todo el poema, ha de quedar indeleble, ya para siempre, en el acervo épico de Castilla, a través de los siglos, gracias a la fuerza poética que el primitivo juglar que lo compusiera logró infundirle.

Esta inicial gesta castellana, que constituye el más antiguo documento que se conoce de la leyenda del Campeador —y aun de nuestra literatura española—, fue cantar vivo, desde mediados del siglo XII, en la tradición oral de los juglares que recorrían las tierras de Castilla, que no tuvieron que hacer ningún esfuerzo de ambientación histórica, ya que los personajes y hechos que cantaban estaban todavía presentes en la tradición de la sociedad en que ellos se movían. La verdad histórica de sus acciones bien podía pasar sin alteración al relato poemático con un verismo exacto que no impedía la poetización de la realidad.

El juglar anónimo que lo compusiera desarrolla toda la acción poemática sobre un fondo extraordinariamente histórico; y si a veces la ruta de la acción se desvía de la realidad, nunca, por eso, se atreve a descarriarse por senderos de una fantasía antihistórica. El protagonista y la casi totalidad de los personajes que en la acción intervienen se ajustan en sus hechos, si no a la historia exacta, sí a una verosimilitud que hace que sus caracteres estén llenos de intensa humanidad. No necesita el juglar recurrir a falseamientos de la historia para lograr, cuando el caso lo requiere, momentos de emoción lírica o dramática, porque para ello le sobran recursos de la mejor calidad literaria a su innata intuición de gran poeta que nos demuestra ser siempre.

La acción poemática de todo el cantar está planeada con certera visión de conjunto, y el argumento ficticio que constituye su núcleo lo va desarrollando con una marcha progresiva que sabe avivar el interés de los oyentes en sucesivos episodios que nunca quiebran la línea argumental.

Sobre esa base histórica crea el juglar una acción novelesca que, arrancando del hecho cierto del destierro del Cid, abarca los hechos históricos del héroe, trenzándolos hábilmente con los episodios que, por su interés novelesco, afianzan las hazañas auténticas del Campeador.

Siguiendo la evolución de la acción poemática, podemos advertir cómo al apartarse de la verdad histórica, nunca lo hace de la realidad humana de los personajes y sus acciones, que, aun siendo o no históricas, siempre tienen emoción poética y grandiosidad épica.

En el estudio del cantar se pueden distinguir tres partes bien definidas, como los tres actos de una acción dramática, cuyas tres acciones propias completan la totalidad argumental de todo el poema. La salida del héroe de Castilla, ordenada por el injusto rey, las andanzas del desterrado al frente de sus vasallos, guerreando con los moros de los reinos de Toledo y Zaragoza, hasta llegar a las costas de levante, constituyen el tema del primer cantar, en el que el juglar que lo compusiera sigue a su protagonista con detalles de un verismo tal que nos induce a sospechar su naturaleza de aquellas tierras que con tanta realidad nos pinta en su poema. No así a partir de este punto, al seguir narrando los hechos del Cid por las tierras levantinas, de las que manifiesta tener una idea bastante confusa. En la segunda parte llega el Cid a la plenitud de su gloria guerrera con la conquis-ta del reino de Valencia, que, en sumisión a su rey, no quiere convertir en reino propio. Comienza aquí la trama novelesca con la petición del rey al Cid de las bodas de sus hijas con los infantes de Carrión, que acaban celebrándose en Valencia con inusitada pompa y solemnidad. El desconocimiento que de la geografía de las tierras valencianas tiene el juglar le hace incurrir en inexactitudes que contrastan visiblemente con aquel conocimiento detallista que manifestó al describir sus tierras de la meseta. La tercera parte del cantar entra resueltamente por los caminos de la acción novelesca, tergiversando, al mismo tiempo, los hechos de armas en sus detalles, en tanto que se demora en la narración del episodio de Corpes, acaecido ya en las tierras castellanas del juglar. Aquí es donde se narra y resuelve aquel patético pasaje, enteramente novelesco, cuyas consecuencias han de ser unas supuestas cortes en Toledo, donde el honor del Cid queda reparado tras una lid en la que sus caballeros vencen y humillan a los ambiciosos y cobardes condes. Finalmente, los infantes de Navarra y Aragón piden, por medio de mensajeros, las hijas del Cid para esposas, preparándose las bodas, que la crítica histórica contrasta como las únicas y válidas.

Todo el *Cantar*, como hemos podido ver, tiene un fundamento de autenticidad histórica, si bien idealiza, es cierto, el carácter del héroe, mas sin desfigurarlo ni alterarlo, como ya observó atinadamente Milá y Fontanals; el anónimo juglar sabe aureolar al protagonista de la más auténtica grandeza épica, así como dibujar con tintas indelebles a sus enemigos, con trazos de la mejor calidad poética siempre, sin necesidad de desorbitar la acción para buscar efectos literarios, que sabe lograr con los elementos históricos que tiene a mano.

Esto no quiere decir que todo el *Cantar* sea estrictamente histórico. «Podemos decir —afirma Menéndez Pelayo— que no es histórico; pero nunca es antihistórico, como otros poemas de la época. Tiene no solo profunda verdad moral, sino un sello de gravedad y buena fe que excluye toda impostura artística y nos mueve a pensar que en la mente del poeta y en la de sus coetáneos estaba idealizada la confusión de la historia y la leyenda.» Todo el *Cantar* se desarrolla en un ambiente fundamentalmente histórico, como lo son también sus personajes, según ha podido identificar Menéndez Pidal, con tan pacientes como fructíferas investigaciones.

Sobre esta casi exactitud histórica ha logrado el juglar hacer su poema, que es una verdadera obra genial de técnica literaria en su género, en la que se puede advertir la simplicidad de la concepción procediendo arquitectónicamente por grandes bloques; la variedad de temas dentro de la unidad del estilo épico; la precisión geográfica que, en algunos puntos, lo avalora, como la valentía en las descripciones de las batallas y los cuadros vigorosamente pintados y sentidos con sincera emoción, como la despedida del Cid y Jimena en Cardeña, la visión de la huerta valenciana desde la torre del alcázar, la dramática escena de Corpes entre los traidores infantes y sus desvalidas esposas, y aquel gran cuadro épico de la asamblea judicial de Toledo y la liza en los campos de Carrión: todos ellos son episodios de tan vigoroso trazo, que han quedado indeleblemente como escenas magistrales de la épica universal.

El *Cantar de mío Cid* es —como dice Menéndez Pelayo— «poesía vivida y no cantada»; la grandiosidad del asunto se sobrepone al poeta, y este, que lo es auténtico, se siente arrastrado por él, lo posee enteramente, y pone en sus labios aquel canto épico, indócil muchas veces a la ley del metro y rebelde al yugo de la rima. El poeta ve la realidad como quien está dentro de ella, y sabe trasladarla con toda su virginidad expresiva, en la que da una plena fusión de la vida guerrera y patriarcal, tanto más sana y robusta cuanto más se ignora a sí misma, logrando de esta manera trasladar a sus oyentes aquel carácter heroico más puro y genuino de toda nuestra vieja escuela juglaresca castellana, y con tal grandeza y calidad, que el sabio maestro no duda en comparar al juglar anónimo de nuestra gesta con el mismo padre de la épica, el también desconocido Homero.

Gloriosa obra, pues, que habiendo alcanzado la cumbre de la creación artística, es la más genuina representación de Castilla, expresada en este poema profundamente nacional y humano a la vez, que abarca la vida de la patria entera personificada en un protagonista que es, sin duda, el más universal de la historia y de la literatura española.

«El primer monumento literario conservado en España —dice Menéndez Pidal— ostenta, en su espíritu, estilo y ejecución, un fuerte sello de raza que de ningún modo perjudica su interés general. Por este doble valor nacional y humano, el *Cantar* del Cid ocupa un lugar eminente entre las obras maestras de las nacientes literaturas modernas, siendo el primer título de gloria literaria que ennoblece Castilla.»

Con este *Cantar,* Castilla expresó por vez primera sus ideales en la vida y en el arte; esta obra de un desconocido juglar «que —según frase de Ortega y Gasset—, allá en el fin de los tiempos, cuando venga la liquidación del planeta, no podrá pagarse con todo el oro del mundo».

# III

EL POSIBLE AUTOR DEL *CANTAR,*
Y FECHA DE SU COMPOSICIÓN

Sabido es que los cantares de gesta son anónimos, obra popular, que acaban haciéndose tradicionales; enraizados en el pasado y con vitalidad que los proyecta hacia el porvenir. Se sabe que aparecieron en boca de los juglares, sin poder precisar el tiempo exacto, ni poder vaticinar tampoco hasta cuándo habían de perdurar en la tradición del pueblo. Pero es evidente que alguien, un individuo, hubo de ser quien los compusiera, si bien posteriores transmisores, al difundirlos, verificaran una inevitable acción refundidora, que ha de proseguir a través de sucesivas transmisiones orales.

A la crítica filológica e histórica puede incumbir la labor de ir desentrañando el texto en busca de los orígenes de cualquier obra literaria que se expresa en una lengua y refleja una época determinadas.

Frente a la realidad del *Cantar de mío Cid*, su más ilustre investigador, don Ramón Menéndez Pidal, hubo de plantearse este problema de autoría de nuestro más antiguo y representativo cantar de gesta. Basándose, pues, en las características del lenguaje que el juglar emplea, así como en el conocimiento geográfico que demuestra tener, pudo llegar a la conclusión de que el desconocido autor había de ser de las altas tierras de la actual provincia de Soria. Indudablemente, había nacido y vivido en el sector entre San Esteban de Gormaz y Luzón, tal vez en Medinaceli, o muy cerca de allí, centro que describe muy pormenorizadamente, con tanto detalle como cariño. Al sureste tal vez alcanzó hasta Molina; al este, hasta Calatayud; al oeste, hasta Castejón, y al noroeste hasta el robledo de Corpes, junto a San Esteban. Sus correrías no rebasaron el valle del Arbujuelo, afluente del Jalón, punto central en la geografía del poema. El conocimiento que tiene de estos parajes es exacto, y sus detalladas descripciones contrastan con las que hace de las lejanas tierras de levante, precisamente aquellas en las que acaecen los hechos más trascendentales del cantar. Este carácter localista induce a precisar el posible lugar en que vivía y se movía el desconocido poeta, que por aquellas mismas tierras difundiría en sus recitaciones por plazas abiertas y castillos cerrados, de las tierras cercanas.

La constante preocupación por los estudios cidianos y el afán de aquilatar su investigación han llevado a Menéndez Pidal a una profundización en el problema de la autoría del *Cantar,* de la que saca lúcidas consecuencias. «La primera impresión que produce la lectura de este poema —nos dice— es la de su perfecta unidad de plan y la de su inspiración altamente nacional. Sin embargo, un atento examen ha podido descubrir en él cierto carácter local muy bien definido. Hay en él dos regiones descritas con detalles de toponimia mayor y menor, reveladores de afección muy singular a la tierra, y son la de San Esteban de Gormaz y la de Medinaceli, dos villas, municipios, de la actual provincia de Soria. En una línea de 20 kilómetros se nombran diez lugares y lugarejos en las cercanías de San Esteban, varios de ellos hoy desconocidos. En las cercanías de Medinaceli se nombran cinco lugares, y tres de ellos son campos y montes deshabitados. De ninguna otra región de España más importante, sea Burgos, Valencia o Toledo, describe el poema pormenor alguno de lugares vecinos. Los hechos del Cid aparecen en el *Cantar* frecuentemente vistos desde San Esteban de Gormaz, unos; y desde Medinaceli, otros. Nos sentimos obligados a distinguir dos poetas.»

A esta conclusión llega Menéndez Pidal, después de haber estudiado, con su habitual maestría, esta ya anteriormente apuntada duplicidad de autores, cuyas diferenciadas personalidades va determinando, no solo en cuanto al distinto enfoque que hacen del héroe, sino en cuanto a la tendencia y aun a la técnica que cada uno de ellos emplea.

El poeta de San Esteban enumera con todo detalle y amor las cercanías de su villa, mientras el poeta de Medinaceli no se siente tan enraizado a su tierra; el de San Esteban demuestra conocer la historia, y aun la leyenda de sus parajes habituales, así como la situación histórica en la época a que se refiere, en tanto el poeta de Medinaceli recuerda muy confusamente el estado histórico de su tierra en el tiempo de la acción poemática que narra.

En cuanto al propósito de ambos poetas, podemos advertir cómo el primer poeta procura ajustarse a un verismo geográfico e histórico, cuando, por el contrario, el segundo tiende deliberadamente hacia una novelización, empleando elementos fantásticos en busca de un mayor interés de los oyentes.

Ambos poetas difieren también en la técnica poética, pues mientras el de San Esteban se esmera en una versificación variada, cambiando con frecuencia el asonan-te para hacer muchas tiradas de versos, aunque sean de cortas dimensiones, el de Medinaceli emplea una versificación de más sencillez, que suprime las asonantes difíciles y mantiene las más fáciles para lograr tiradas más extensas. Tenemos, pues, hasta una diferenciación técnica entre los dos poetas, como observa Menéndez Pidal.

Por todo lo hasta aquí apuntado podemos deducir que el *Cantar de mío Cid* fue uno de aquellos que, al transferirse de una a otra generación, sufrió una indudable elaboración, en unos pasajes más y en otros menos, al pasar de las manos de un juglar a las de otro posterior, que no tuvo escrúpulo en transformarlo a su capricho en busca del mayor éxito para su recitación ante un público cada vez más ávido de novedades.

En resumen, dos poetas distintos, con la propia personalidad de cada uno bien acusada, con tendencia el primero al verismo épico y con preocupación novelizadora el segundo; inconciliables en cuanto al propósito y que «se hermanan muy concordes en el terreno de la creación literaria». Se da el caso de un poeta primitivo cuyo genio atrae hacia sí e impulsa al sucesivo refundidor, constituyendo una continuidad de inspiración a través de los tiempos, fundada en una continuidad de gustos, propósitos y ambiente cultural, que debe de tener muy en cuenta la moderna crítica tradicionalística, como opina Menéndez Pidal, propulsor de esta escuela entre nosotros.

*   *   *

El problema de la doble autoría del *Cantar de mío Cid* nos lleva al de la fecha de su composición, ya que, como acabamos de ver, no es obra —tal como la conocemos— de un solo autor, sino de dos, que se suceden, distantes en el tiempo.

Cuando, en 1908, publicó Menéndez Pidal el primer tomo de su estudio fundamental sobre el *Cantar de mío Cid*, al tratar en él de la posible fecha en que se compuso el poema, precisó que pudo ser en el año 1140, argumentando su aserto con el estudio del lenguaje dialectal empleado en el texto, así como en las deducciones sacadas de las circunstancias históricas que en el *Cantar* se reflejan. Esto, suponiendo que el autor fue uno solo, precisamente aquel juglar de Medinaceli, cuyo localismo tan evidente se muestra en el texto. Mas la sospecha que el sabio maestro comenzó a manifestar desde su citada obra respecto a una dualidad de autores, afianzándose cada vez más a medida que profundizaba en tal estudio, acabó por convertirse en la certeza de que son indudables ya los dos autores: el de San Esteban de Gormaz, como creador del cantar, y el refundidor de Medinaceli, que amplió el texto, novelizándolo en busca de un mayor interés de los públicos oyentes.

Siendo bastante anterior el poeta de San Esteban, la fijación de la fecha en que este juglar realizara la primera versión del *Cantar* ha de ser el problema a solucionar, y del que se preocupa Menéndez Pidal en un estudio (1961), en el que da las razones por las que se decide a admitir la existencia de los dos autores.

En dicho estudio nos apunta la fecha en que escribió el poeta primitivo, que debió de ser «muy a raíz de la muerte del Campeador»; y teniendo en cuenta que, a poco de fallecer el héroe, la historia escrita produjo la llamada *Historia Roderici* (entre 1103 y 1109), el poeta, llevado del interés popular por el extraordinario caballero invencible, compuso en su honor el *Cantar* sobre el héroe, cuyo recuerdo aún estaba vivo por aquellos parajes, que él conocía tan bien y con tanto cariño describe, así como nos habla de personajes, muchos de los cuales —que habían intervenido en la acción poemática— todavía vivían, tales como doña Jimena, Alfon-so VI, y otros muchos que seguían vivos en el recuerdo del poeta.

La refundición del *Cantar* por el juglar de Medinaceli, bastante más alejada de los sucesos que narra, se separa del verismo de la primera versión en busca de la novelación, añadiendo al texto detalles que lo distancian de la realidad histórica, y que el poeta cree que ya no pueden interesar a su público, más ávido de dramatismo, sin reparar en anacronismos, que los años transcurridos no dejan percibir a los oyentes. Así podemos ver que, mientras en la primera parte apenas modifica el texto primitivo, es más intensa la modificación en la segunda, y casi por completo transformada la tercera parte, intensificando el patetismo de la escena de Corpes, punto culminante de la dramatización de todo el *Cantar*.

Esta refundición, como ya estableció Menéndez Pidal en su estudio primero a que nos hemos referido, se debió componer precisamente en 1140, en la coyuntura de un hecho histórico resonante, como fue el desposorio del hijo de Alfonso VII con la hija del rey de Navarra, Blanca, bisnieta del Cid, con lo que la dinastía de Castilla entroncaba con la descendencia del Campeador. El poeta de Medinaceli quiso en tal acontecimiento rememorar las glorias del héroe castellano, del que, para hacer la glorificación, dice, finalizando el *Cantar*:

> «Oy los reyes d'España sos parientes son,
> a todos alcança ondra por el que en buena nació».

No han faltado historiadores modernos que han pretendido rectificar esta fecha, que Menéndez Pidal ha mantenido, rebatiendo contundentemente las aparentes razones aducidas que pretendían adelantar o retrasar esa fecha.

# IV

## EL ÚNICO CÓDICE CONOCIDO DEL *CANTAR*

COMO todos los cantares de gesta, también este se difundió por el cántico de los juglares, a lo largo de los caminos y lo ancho de las plazas de Castilla. Pero si bien es cierto que el público no los conocía sino por el conducto de la palabra cantada, solían los juglares hacer copias para aprenderse su recitación. Estas, como es natural, habían de ser muy deficientes, a veces fragmentarias y nunca escrupulosas. Algunas de estas copias sirvieron como documento informativo a los cronistas, que las prosificaron en sus crónicas, si los hechos que las gestas narraban tenían, a su juicio, interés histórico, como sabemos que una copia muy antigua del *Cantar* fue empleada por Alfonso X para prosificarla en la *Crónica general* de España que mandó componer bajo su dirección.

No se ha encontrado rastro alguno del manuscrito del *Cantar de mío Cid* en la versión original que diera el juglar de San Esteban de Gormaz, pero sí el texto, ya refundido por el de Medinaceli, tomado de una copia de las más antiguas, aunque, probablemente, no el original de 1140. Es un manuscrito hecho tardíamente, aunque con espíritu arcaizante, llevado a cabo por un tal Per Abbat, nombre que conocemos porque así lo consigna él mismo al final del manuscrito, añadiendo la fecha, que, reduciéndola a la cronología actual, es la del mes de mayo de 1307. Ningún dato más tenemos de este copista, sino que tal era su nombre, ya que el *abbat* que consigna es el apellido, y no un cargo monacal, como se ha querido ver por algún historiador.

Es un pequeño códice de grueso pergamino de 74 hojas, escritas por ambas caras, que consta de 3.731 versos anisosilábicos continuadamente escritos. Falta la primera hoja del códice, así como otras dos hacia el final. Aunque el copista no hace separación ninguna, se han podido distinguir 152 tiradas o series asonantadas monorrimas de muy variado número de versos. Igualmente se distinguen tres partes bien definidas, y de muy parecidas dimensiones, que no llevan epígrafe alguno que las separe, así como no se consigna el título general del *Cantar,* que, de existir en alguna parte, debía constar en la primera hoja, que desconocemos.

Esta es la razón por la que se le conoce indistintamente con el título de *Cantar* o *Poema*. A cada una de las tres partes de que consta se les ha asignado, generalmente, los títulos de cantar del *Destierro del Cid*, cantar de las *Bodas de las hijas del Cid* y cantar de *La afrenta de Corpes*.

La historia de este manuscrito no deja de tener interés. Se sabe que estuvo en el Concejo de Vivar desde tiempo inmemorial; de allí pasó al convento de monjas del lugar, donde fue descubierto, en 1775, por don Eugenio Llaguno y Amírola, secretario del Consejo de Estado, que lo entregó al erudito don Tomás Antonio Sánchez, quien, después de estudiarlo, lo publicó por primera vez en 1779, formando el tomo I de su *Colección de poesías castellanas anteriores al siglo XV*. El manuscrito quedó en poder del señor Llaguno, de quien pasó, después, al ilustre historiador de nuestra literatura don Pascual de Gayangos, a cuya muerte el Museo Británico, de Londres, inició gestiones para adquirirlo, lo que sin duda hubiese sucedido si el marqués de Pidal, que lo había estudiado con entusiasmo, no se hubiese interpuesto, comprándolo.

Heredado, *pro indiviso,* por los descendientes del marqués de Pidal, se nombró depositario a don Roque Pidal y Bernaldo de Quirós, que lo exhibió en varios actos académicos y culturales.

Fallecido el señor Pidal, la Fundación Juan March lo adquirió a sus herederos por la cantidad de diez millones de pesetas, para entregarlo al Estado, depositándolo en la Biblioteca Nacional, en acto solemne, el 20 de diciembre de 1960.

La Dirección de Archivos y Bibliotecas costeó una edición facsímil de esta «gloriosa antigualla», como la calificó con veneración don Marcelino Menéndez Pelayo.

# V

## MANUSCRITOS. EDICIONES Y TRADUCCIONES

OLVIDADO el códice del *Cantar de mío Cid* en el archivo del Concejo de Vivar, en 1596 Juan Ruiz de Ulibarri sacó de él una copia con el impropio título de *Historia del famoso caballero Rodrigo de Vivar, llamado por otro nombre Cid Campeador, sacada de su original...,* que fechó en Burgos el 20 de octubre del citado año. No debió de publicarse esta copia, por cuanto nunca ha habido referencia de ello. El manuscrito está hoy en la Biblioteca Nacional.

Cuando el señor Llaguno descubrió el códice, mandó revisar la copia citada a Juan Antonio Pellicer y Pilares, que puso al fin esta nota: «El original estaba en el lugar de

Vivar; húbole el señor Sánchez, por intercesión del señor Llaguno, secretario del Consejo de Estado. Enmendamos por él esta copia, y así esta equivale al original, pero por él la publicó el referido señor Sánchez en sus *Poesías antiguas*».

Esta fue, pues, la primera edición del *Cantar,* que integra el tomo I de la *Colección de poesías castellanas anteriores al siglo XV,* publicada por Tomás Antonio Sánchez, en 1779.

Se volvió a editar en la «Biblioteca castellana, portugués y provenzal», dirigida por el doctor G. H. Schubert. Altemburgo, 1804.

Se hizo una nueva edición en París, en 1842.

De nuevo se publicó encabezando la recopilación *Poetas castellanos anteriores al siglo XV.* Colección aumentada e ilustrada por Florencio Janer, que constituye el tomo 57 de la Biblioteca de Autores Españoles de Rivadeneyra. Madrid, 1864.

Otra edición, con el título de *Poema del Cid, nach der einzigen Madrider Handschrift...,* de Karl Vollmöller, Halle, 1879.

Nueva edición, titulada *Los Cantares de Mío Cid,* por Eduardo Lidforss, Lund, 1895.

Otra edición, *Poem of the Cid,* por Archer M. Huntington (tres tomos), Nueva York, 1897-1903.

*Poema del Cid.* Edición crítica de Ramón Menéndez Pidal, Madrid, 1898.

*Cantar de Mío Cid. Texto, gramática y vocabulario,* por Ramón Menéndez Pidal (tres tomos), Madrid, 1908-1911.

*Poema de Mío Cid.* Edición, con notas, por Ramón Menéndez Pidal. Tomo 24 de la colección «Clásicos Castellanos», Madrid, 1913.

Prescindimos de reseñar las ediciones que acompañan a las versiones modernizadas, así como las de simple divulgación y las abreviadas y fragmentarias para usos escolares.

No obstante, cabe señalar —y con elogio— dos ediciones facsimilares: una patrocinada por el Ayuntamiento de Burgos, en 1946, para conmemorar el milenario de Castilla, y la ya citada, realizada por la Dirección General de Archivos y Bibliotecas, para conmemorar la donación del códice de Per Abbat hecha por la Fundación Juan March a la Biblioteca Nacional en 1960. (Formando un segundo tomo se reproduce, también en facsímil, la edición paleográfica de Menéndez Pidal.)

*   *   *

No es menos elocuente el testimonio que aportan las numerosas traducciones a lenguas extranjeras para corroborar la trascendencia del *Cantar de mío Cid*.

En Francia, la primera traducción fue llevada a cabo por J. S. Damàs-Hinard, París, 1858, a la que siguieron las de E. de Saint-Albin, de 1866, y otra de E. Merimée. Modernamente ha aparecido otra, con excelente bibliografía, de Eugene Köhler, París, 1955.

En Alemania apareció la primera versión en lengua extranjera, debida a O. L. B. Wolf, Jena, 1850, y otra de Johannes Adam, Erlanger, 1912, con abundante glosario.

En lengua inglesa, la de Archer M. Huntington, Nueva York, 1901, con gran cantidad de notas.

En Italia, cuatro versiones: de T. Cannizaro, Catania, 1907; de Giulio Bertoni, Bari, 1912; de D. Coltelli, Lanciano, 1929, y otra de Camilo Guerrieri Crocetti (en su obra *L'Epica spagnola*), Milán, 1944.

Al sueco se tradujo por C. G. Estlander, Helsingfors, 1863.

Al portugués, por Alfonso Lópes Vieira, Lisboa, 1929.

Algunas de estas versiones van ilustradas por estimables introducciones, notas, glosarios y bibliografías.

# VI

VERSIONES MODERNAS

L AS abundantes ediciones del *Cantar de mío Cid* que, desde su descubrimiento, se vienen sucediendo, así como las traducciones extranjeras, que acabamos de enumerar, nos evidencian el interés universal que nuestro glorioso *Cantar* produjo en el mundo de la erudición.

Una bibliografía exhaustiva de los estudios a él dedicados sería tan interesante como, en esta edición, improcedente. Bástenos consignar aquí los hitos fundamentales que mar-can, en España, el camino ascendente de los estudios cidianos, desde los fundamentales de Manuel Milá y Fontanals (1874), que nos ofrece ya una apreciación artística del *Can-tar,* tan sobria como exacta, pasando por Menéndez Pelayo que, con su fino gusto estético, supo captar toda su belleza como alcanzar su grandiosidad (1903), hasta culminar en la magistral y paciente labor de Menéndez Pidal, que, de manera definitiva, ha estudiado el *Cantar* y a su héroe, desde sus diversos puntos de vista: filológico, histórico y artístico; estableciendo el texto, estudiando su gramática, su vocabulario, sus relaciones con las crónicas, la historia y la geografía, y ha trazado la biografía del protagonista en el mundo de su tiempo, en trabajos que afortunadamente se suceden, manteniendo al día, vigilantemente, los estudios cidianos de la erudición universal.

A partir de los estudios de Menéndez Pelayo, y por su sugestión, sin duda, comenzaron a interesarse por el tema cidiano los escritores modernos españoles, que vieron en la figura del Campeador y su mundo temas literarios que pueden interesar a la actual sensibilidad. Y, así, Manuel Machado (1907) los lleva a la lírica y Eduardo Marquina (1908) al teatro, abriendo un camino a los poetas de su generación, y aun a las siguientes, para cultivar estos temas, hasta el punto que podría recopilarse una copiosa antología poética moderna en torno a la figura del Cid.

La orientación de estos poetas «representa —dice Menéndez Pidal— una sorprendente reviviscencia del *Cantar de mío Cid*, en su más genuina forma del siglo XII», cuyo texto comienza a interesar a los grandes públicos, para los que el *Cantar* «vuelve a tener calor de vida y fecundidad literaria en el siglo XX».

Pero una gran dificultad se interpone entre los lectores actuales y el venerable texto del *Cantar*: su lenguaje, ininteligible para la mayoría de los lectores que se interesan por la lectura del *Cantar primitivo*.

A soslayar este escollo se han aprestado solícitamente algunos escritores, llevados de un generoso propósito, que con más o menos éxito han podido realizar.

La transcripción del texto medieval al castellano actual, desentendiéndose de la versificación, fue el procedimiento empleado en siete versiones diferentes que, en España o hispanoamérica, se han llevado a cabo con diversa finalidad.

El primer intento fue el del escritor mexicano Alfonso Reyes, editado en Madrid en 1918; la segunda versión fue llevada a cabo por José Bergua, Madrid, 1934 (que edita el texto original confrontándole una versión literal); la tercera es del escritor español Ricardo Baeza, publicada en Buenos Aires, 1941 (es versión literaria con pasajes abreviados, con propósito de servir a un público popular); la cuarta se debe a Juan Loveluk, publicada en Santiago de Chile, 1954 (texto medieval y versión confrontada, con notas y bibliografía); la quinta, de Cedomil Goic, Santiago de Chile, 1954 (edición que no hemos podido consultar); la sexta de Florentino M. Torner, México, 1957 (que solo conocemos por referencias), y la últimamente publicada es la de Fernando Gutiérrez, Barcelona, 1958 (versión resumida, para un público infantil). Igual alcance se ha dado a otras versiones extractadas publicadas en Madrid y Barcelona recientemente.

Frente al criterio que opta por la versión en prosa, hallamos el que sostiene que la consustancial unión que el asunto épico debe tener con la forma rítmica que lo expresa exige que toda versión poética debe tener también una forma rítmica similar a la que tenía el poema en la suya original.

La serie de versiones rítmicas del *Cantar* la inició el ilustre poeta español Pedro Salinas, publicando la suya «en romance vulgar y lenguaje moderno», en Madrid, 1926 (nueva edición en 1934, y otra, confrontada, en Buenos Aires en 1938); una segunda versión de Luis Guarner, también en verso de romance, Valencia 1940 (Madrid, 1946, 55, 58, 60, 62 y 63; Barcelona, 1952 y 1958; Buenos Aires,

1961); la tercera versión, de Francisco López Estrada, también en verso tradicional de romance, Valencia, 1954; la cuarta versión, de fray Justo Pérez de Urbel, en verso alejandrino, Burgos, 1955; la quinta, de M. Martínez Burgos, en verso irregular, siguiendo el texto medieval, confrontado; Burgos, 1955, y la de Camilo José Cela, en verso de romance también, Palma de Mallorca, 1959.

Esta reiteración en verter nuestro *Cantar* nacional en verso nos afirma en lo acertado del procedimiento, en el que estos escritores, algunos de relevantes méritos, se han empleado, con tanta persistencia como la del gran público, demanda que consume repetidas y copiosas ediciones.

# VII

## PROPÓSITO DE ESTA EDICIÓN

EN una empresa como la de «Nueva Biblioteca EDAF». nacida para dar al gran público las obras fundamentales de la literatura y el pensamiento universales, no podía faltar el *Cantar de mío Cid*, auroral poema de España, de la que constituye el máximo exponente de su raza.

Teniendo en cuenta la gran masa de lectores a que va destinada su edición, la mayoría de los cuales había de encontrar dificultad en la lectura de su texto primitivo, damos la versión moderna para todos asequible.

La transcripción se ha elaborado en vista del texto paleográfico (de 1911) y del reconstruido (de 1913), por Menéndez Pidal, traduciendo verso a verso y palabra a palabra, pro -

curando siempre conservar todo el vigor de lengua viva que tiene el viejo *Cantar*. Nuestro propósito ha sido mantener, en todo momento, el espíritu primitivo de la gesta, con su peculiar sabor arcaico, dentro de la flexibilidad de nuestro castellano actual. Se han sustituido las palabras en desuso por sus equivalentes modernas, así como los nombres de personajes y lugares por los hoy empleados.

Asimismo, la versificación anisosilábica de la gesta la reducimos al clásico metro del romance castellano tradicional [que se edita en verso de dieciséis sílabas para aproximarlo al original], que, en definitiva, viene a ser la derivación histórica normal de la habitual versificación irregular propia de las gestas medievales españolas.

En la versión se solucionan las dificultades de carácter lingüístico que se pudieran encontrar en el texto antiguo, y en notas a pie de página se aclaran las que, de carácter crítico, histórico o hermenéutico, pudiera encontrar cualquier lector no especializado.

La unánime aceptación que mi transcripción moderna obtuvo, al aparecer por vez primera (1940), tanto por la crítica más solvente como por el público, me ha hecho pensar que no anduve desacertado en la realización de mi empeño.

El glorioso maestro de los estudios cidianos, don Ramón Menéndez Pidal, me hizo saber que mi versión se llevó con «feliz fidelidad. Es —dijo— tan respetuosa con el texto arcaico, que uno se sorprende pueda ser a la vez tan afortunada».

El ilustre hispanista alemán Karl Vossler calificó mi trabajo de «acierto filológico llevado con gran gusto artístico», y el eminente filólogo español Dámaso Alonso, en el prólogo a aquella primera edición de mi versión, dijo que su traductor «se manifiesta como profundo conocedor del lenguaje del poema, que puede verterlo a nuestro castellano moderno con rara y ejemplar fidelidad, y al mismo tiempo como delicado, fino poeta que tantas veces nos ha deleitado con sus composiciones originales. Se da, pues, en él, el doble carácter indispensable al que intentara esta obra: ser a la par erudito y poeta».

En la *Revista de Filología Española* (1941), el profesor Joaquín de Entrambasaguas dijo: «Debo reconocer que si en alguna forma podía realizarse el fracasado empeño [de la versión del *Cantar*] es en la adoptada por el exquisito poeta valenciano, cuya labor, de demorada paciencia y profundo análisis del original, se ha realizado uniendo entrañablemente a su aguda sensibilidad de artista su sólida erudición lingüística y literaria. Sea ahora —sigue— el feliz intérprete del *Cantar del Cid* en versos modernos, conservando con cuidadosa delicadeza todos los valores del original, incluso los más finos matices de su poesía. Sería inútil señalar aquí los innumerables aciertos de Guarner en su transcripción del poema, que no pierde, en ningún momento, su tónica de dignidad y de altura épica, ni decae en la honda poesía interpretada por el nuevo editor de modo magistral y definitivo».

Si a estas opiniones de la crítica —a las que podríamos añadir otras muchas, que abundan en los mismos conceptos— añadimos el favor del público, que, a lo largo de los ya muchos años, se mantiene inalterable, como evidencian las múltiples ediciones que ha consumido, me da a entender que logré acertar en mi trabajo, que realicé sin olvidar el consejo de Chateaubriand: «Un traductor no tiene derecho a gloria alguna; es menester solamente que demuestre que ha sido paciente, dócil y laborioso».

Creo que lo he sido, y con tal humildad y fervor que, por añadidura, me han recompensado con esta satisfacción de tener que escribir ahora este prólogo para una edición nueva* de mi trabajo, que sigue siendo humilde y fervoroso.

Luis Guarner

Luis Guarner, Valencia (1902-1986), se licenció en Filosofía y Letras y Derecho por la universidad valenciana. Fue catedrático de bachillerato de Lengua y Literatura españolas en diversas ciudades de Andalucía, Cataluña y el País Valenciano. Guarner era además miembro de número de la Real Academia Española desde 1969 y también de la Academia de les Bones Lletres de Barcelona desde 1931.

El Ayuntamiento de Valencia le concedió el Premio de las Letras Valencianas. Tras su muerte se constituyó el Premio Lluís Guarner, que se otorga cada año a un escritor destacado.

Guarner, cuya producción literaria está escrita en catalán y castellano, cultivó de forma preferente la poesía y el ensayo: *Breviario sentimental* (1921), *Llama de amor viva* (1923), *Libro de horas líricas* (1925); *Cançons de terra i de mar* (1936), *Realidad inefable* (1942), *Primavera tardía* (1945), *Canciones al vuelo del aire* (1945), *Recança de tardor* (1949) y *La soledad inquieta* (1950). Entre sus novelas tenemos *Taronja a 51° latitud Nord* (1930) y *Baix la lluna de Nisan* (1931). En cuanto a sus biografías cabe señalar: *Castelar, verbo de la democracia* (1932), *Poesía y verdad de Vicente W. Querol* (1976) *La Renaixença valenciana i Teodor Llorente* (1985). Entre sus obras de crítica literaria figuran las antologías como *Poetas modernos, siglo XVIII y XIX* (1952), *Antología de la poesía española medieval* (1966), la edición de las *Obras completas de Vicente Wenceslao Querol* (1974) y del incunable comentado *Les trobes en Lahors de la Verge Maria* (1974) y su versión modernizada del *Cantar de mío Cid* y el *Cantar de Rodrigo*. De su obra ensayística sobresale *Valencia, tierra y alma de un país* (1974).

* Nota del editor: A partir de la edición de 2007, el texto se ofrece en versos regulares de 16 sílabas para recuperar la versificación que el juglar intentó rimar.

# Cantar de mío Cid

Cantar primero

# Destierro del Cid

*El rey Alfonso envía al Cid para cobrar las parias del rey moro de Sevilla.—Este es atacado por el conde castellano García Ordóñez.—El Cid, amparando al moro vasallo del rey de Castilla, vence a García Ordóñez en Cabra y lo prende afrentosamente.—El Cid torna a Castilla con las parias, pero sus enemigos lo indisponen con el rey.—Este destierra al Cid.*

E NVIÓ el rey don Alfonso [1] a Ruy [2] Díaz [3] mío Cid [4] por las parias [5] que le tenían que dar los reyes de Córdoba y de Sevilla, cada año. Almutamiz, rey de Sevilla, y Almudáfar, rey de Granada, eran a la sazón tan enemigos que se odiaban a

---

[1, 2, 3, 4 y 5]  El rey don Alfonso, importante personaje del poema, y al que el Cid llama siempre «mi señor», es el histórico rey Alfonso VI de León, que, por la muerte del de Castilla, su hermano Sancho, llegó a serlo de ambos reinos (1065-1109). Cuando ciñó la corona castellana, los nobles de la corte no lo admitieron sin recelo, hasta el punto en que, según la tradición, hizo la famosa jura de Santa Gadea, en la que el Cid en persona tomó parte tan destacada. La rivalidad entre ambos reinos se traduce a lo largo del poema, aunque no con tanta animosidad como en otras gestas medievales de la época. El rey Alfonso, al principio de su reinado, dispensó al Cid buena acogida, distinguiéndolo hasta tal punto que lo casó con Jimena Díaz, hija del conde de Oviedo y de la familia real; le confió cometidos y embajadas como la que da tema al principio del primer cantar del poema. Esta excursión del Cid a tierras de Sevilla, para cobrar tributos, había de formar parte del principio de la gesta, pero la falta de la primera hoja del manuscrito hizo que se perdiera este relato, que pasó prosificado a las crónicas posteriores, y del que se hace referencia en los sucesivos pasajes, a lo largo de todo el poema. Ruy es abreviatura de Rodrigo, nombre del caballero héroe del poema, que también con los de Rodrigo y Ruy figura en documentos históricos de Castilla.—Díaz es el apellido del Cid, que, por haber nacido en Vivar, tomó el nombre de Rodrigo Díaz de Vivar.—Cid. Era sobrenombre de Rodrigo Díaz, y le fue adjudicado en sus primeras hazañas, por las que alcanzó tanta fama entre cristianos y moros, ya en tiempos del rey Sancho de Castilla.

muerte. Y estaban entonces con Almudáfar, rey de Granada, unos ricos hombres que le ayudaban[6]: el conde García Ordóñez [7] y Fortún Sánchez, el yerno del rey don García de Navarra, y Lope Sánchez... Y cada uno de estos ricos hombres ayudaba con su poder a Almudáfar, y todos fueron contra Almutamiz, rey de Sevilla.

Ruy Díaz el Cid, cuando supo que así venían contra el rey de Sevilla, que era vasallo y pechero del rey don Alfonso, su señor, túvolo a mal y mucho le pesó, y envió a todos cartas de ruego para que no fuesen contra el rey de Sevilla ni le destruyeran sus

Así puede verse en un relato hebreo de la época narrando el sitio de Zaragoza por el rey castellano, diciendo que «fue ganada por Cidi Ruy Díaz», como se le nombra al entonces alférez real. *Mío Cidi* viene a ser «mi señor» (*sidi*, señor, en árabe), como en adelante se sigue nombrando al Campeador por parte de los árabes, de quienes tomaron los castellanos este sobrenombre.—Parias, esto es: los tributos que los reyes sometidos tenían que pagar al soberano dominante. Sabido es que los reyes moros solían pagar a los cristianos que los habían vencido y que les dejaban vivir tranquilos el precio de aquellos tributos. Fernando I comenzó esta contribución al rey Motamid de Sevilla, y este la pagaba ahora a Alfonso VI anualmente. A cobrar ese tributo, pues, fue el Cid por encargo de su rey, en el invierno de 1079, según cuentan las crónicas de la época. De antiguo eran enemigos los reyes moros de Sevilla y de Granada, enemistad que tenía su origen en una antigua pugna de razas.

[6] Uso muy común era en aquel tiempo que caballeros cristianos prestasen ayuda y aun servicio de armas a los reyezuelos musulmanes, llevados a ello por ansia de aventuras o por estar en destierro de la corte, contra la que así luchaban llevados de sus miras personales. Según la historia, el mismo Cid llegó a estar al servicio del rey árabe de Zaragoza, en los primeros tiempos de su destierro, aunque este hecho es silenciado en el poema.

[7] El conde García Ordóñez, personaje histórico del poema, que viene a ser como la personificación del bando contrario al Cid, es su «enemigo malo» desde que fue vencido por el Campeador en el sitio de Cabra. Este personaje es el más interesado en malquistar al Cid con el rey, primero, hasta lograr de este la orden de destierro contra Rodrigo. Luego, es partidario de los infantes de Carrión, y en todo momento se manifiesta enemigo irreconciliable del Campeador. Históricamente tiene bien probada su personalidad el conde García Ordóñez, llamado el *Crespo de Grañón* (véase, entre otras, la nota 414), ya que fue realmente gobernador de Grañón, en La Rioja (en 1094), así como de Nájera (en 1077) lo había sido antes. Las crónicas de la época hablan de él llamándolo don García de Grañón, y los historiado-

tierras por la obligación que tenían con el rey don Alfonso (y si, a pesar de todo, así lo quisieran hacer, supiesen que no podía estar el rey don Alfonso sin ayudar a su vasallo, pues que su pechero era). El rey de Granada y los ricos hombres no hicieron caso alguno de las cartas del Cid, y fueron todos esforzadamente y destruyeron al rey de Sevilla todas sus tierras hasta el castillo de Cabra[8].

Cuando aquello vio Ruy Díaz el Cid, reunió todas las fuerzas que pudo encontrar de cristianos y de moros[9], y fue contra el rey de Granada para expulsarlo de las tierras del de Sevilla. Y el rey de Granada y los ricos hombres que con él estaban, cuando supieron que de tal manera iba, enviáronle a decir que no saldrían de la tierra porque él lo mandase. Ruy Díaz, cuando aquello vio, estimó que no estaría bien el no ir a acometerlos, y fue contra ellos, y luchó con ellos en el campo, durando la batalla desde la hora de tercia hasta el mediodía, y fue grande la mortandad que hubo de moros y de cristianos de la parte del

res árabes lo señalan con el apodo de *Botatorcida*. Fue, históricamente, amigo del Cid, al principio, hasta el punto de ser fiador de sus arras con doña Jimena en 1097. La enemistad se debió a la referida toma del castillo de Cabra. El conde gozó siempre de gran influencia en la corte del rey Alfonso, y aunque no consta que se manifestase contra el Cid, el juglar lo da como seguro, tramando así el argumento del poema sobre esta base tan verosímil, llegando a poner en labios del rey una frase despectiva respecto al conde (versos 28 y 29 de la serie 82) para ensalzar al Cid. Otros caballeros nobles ayudaban también al rey moro de Granada, como Fortún Sánchez, yerno del rey don García de Navarra; Lope Sánchez, y otros de quienes no se tienen noticias históricas que lo confirmen. Fortún Sánchez, alavés, casado con la hija del rey de Navarra, y Lope Sánchez, hermano de Fortún, habían sido antes vasallos del rey Alfonso, y se ignora la causa por la que pasaron al servicio del rey moro de Granada.

[8] Cabra, la actual ciudad que lleva este nombre en la provincia de Córdoba, era un castillo fuerte cuyas ruinas se conservan aún en el barrio viejo de la población. Posteriormente fue mansión de los condes de Cabra.

[9] «De cristianos y de moros.» Véase aquí cómo se solían juntar las armas moras y las cristianas en escaramuzas civiles. Aquí junta el Cid fuerzas moras del rey de Sevilla —pechero de Alfonso VI— con las fuerzas cristianas sometidas en el reino sevillano, a las que une las que llegaban de tierras castellanas para acompañarlo.

rey de Granada, y venciolos el Cid y los hizo huir del campo [10]. Y en esta batalla apresó el Cid al conde don García Ordóñez, a quien arrancó un mechón de la barba..., y a otros muchos caballeros y a tanta gente que no podía contarse; y túvolos el Cid presos tres días y luego los soltó a todos. Cuando los hubo preso, mandó a los suyos recoger los bienes y las riquezas que quedaran en el campo, y luego tornose el Cid con toda su compaña y todas sus riquezas en busca de Almutamiz, rey de Sevilla, para darle a él y a todos sus moros cuanto reconocieron que era suyo, y aun cuanto quisieran tomar de lo demás. Y desde allí en adelante llamaron moros y cristianos a este Ruy Díaz de Vivar el Cid Campeador [11], que quiere decir batallador.

Almutamiz le dio entonces muy buenos regalos y las parias que había ido a cobrar... Y se volvió el Cid con todas sus parias en busca del rey don Alfonso, su señor. El rey lo recibió muy bien y mucho le plugo [12], y se puso muy contento de cuanto

---

[10] Esta derrota que el Cid inflige al conde García Ordóñez es el punto de arranque del odio que, a través de todo el poema, ha de manifestar el conde contra el Cid; odio del que el juglar ha de valerse para ir trazando el argumento novelesco de su obra, como podrá verse.

Aquí el Cid apresa al conde y «le mesa la barba», acción que constituía una grave injuria, según las costumbres caballerescas de la época. Cuando, al final del poema, el conde increpa al Cid en las cortes de Toledo, este le recuerda la vergonzosa derrota de Cabra (véase nota 446). Por este detalle se puede asegurar, más aún, que la narración de la toma de Cabra por el Cid debió figurar al comienzo del poema, en el folio perdido, de una manera semejante a como la refiere la *Historia latina* y la *Crónica de Veinte Reyes de Castilla*.

[11] Aquí se da la verdadera explicación del epíteto del Cid, Campeador, que quiere decir vencedor, batallador, y no como algunos comentaristas creyeron, que era lo mismo que alférez o portaestandarte del rey, o, como Dozy, que sustentaba que venía a ser como el *barrâz* de los musulmanes, o sea, el que tenía el oficio de desafiar antes de comenzar las batallas: una especie de campeón. En edad temprana adquirió el Cid este honroso sobrenombre, en singular combate con Jimeno Garcés de Navarra. Con este sobrenombre también se le designa en el *Carmen* del Cid y en la *Historia Roderici*.

[12] El rey recibe bien y se muestra contento de la gestión del Cid en tierras andaluzas. Ello causa envidia en algunos cortesanos, que comienzan a levantarle

allá hiciera el Cid. Por esto le tuvieron mucha envidia y le buscaron mucho daño, enemistándolo con el rey...

El rey, como estaba ceñudo y muy airado con él, les dio crédito..., y le envió luego a decir al Cid por carta que saliese de todo el reino. El Cid, después que hubo leído la carta, comoquiera que desde entonces tuviera gran pesar, no quiso hacer otra cosa porque no tenía de plazo sino nueve días[13] para salir de todo el reino.

1

*El Cid convoca a sus vasallos; estos se destierran con él.*
*Adiós del Cid a Vivar.*

ENVIÓ por sus parientes y vasallos[14], y díjoles cómo el rey le mandaba salir de todas sus tierras, no dándole de plazo más que nueve días, y que quería saber de ellos quiénes querían ir con él y quiénes querían quedarse[15]

---

calumnia para enemistarlo así con el rey, quien acaba por creer a aquellos «malos enemigos» del Campeador y lo destierra de Castilla. En el verso 9 se habla de «los malos enemigos» y de los malsines, alusión que justifica una vez más la inclusión de este pasaje en el principio del poema y que, después, pasó a la crónica, de donde se toma para sustituir el folio desaparecido del manuscrito. El verso 27, serie 15, vuelve a aludir a los mestureros o «enemigos malos» del Cid.

[13] En la alta Edad Media se daba solo nueve días de plazo al hidalgo desterrado para salir del reino (véanse versos 13 y 14 de la serie 18). Este plazo fue luego ampliándose a más días, como puede verse en las *Partidas* (siglo XIII), donde se conceden treinta días. El rey tenía derecho a desterrar libremente de sus tierras a cualquiera de sus vasallos, sin previo juicio siquiera.

[14] Cuando el señor salía desterrado podía llevarse consigo a los vasallos que constituían sus mesnadas, quienes tenían la obligación de seguir a su señor en el destierro, según el *Fuero Viejo de Castilla*, hasta que en el exilio hallase medio de vivir.

[15] Aquí termina el relato sacado de la *Crónica de Veinte Reyes*, que conservó, prosificado, el pasaje del poema que se perdió con el folio primero desaparecido del códice.

«y los que conmigo vengan,
»de Dios reciban buen pago,
»y aquellos que aquí quedasen
«quiero contentos dejarlos.»
    Entonces habló Álvar Fáñez [16],
que era del Cid primo hermano:
«Con vos nos iremos, Cid,
»por yermos y por poblados;
»nunca os abandonaremos
»en tanto que estemos sanos,
»y con vos emplearemos
»nuestras mulas y caballos
»y toda nuestra fortuna
»y nuestros trajes de paño;
»siempre os hemos de servir

Los doce versos (24 octosílabos) que siguen pertenecen a una segunda refundición del poema, conservados en la *Crónica de Castilla* y en la *Crónica Particular del Cid*. Según Menéndez Pidal, pueden suplir los que faltan en este lugar del encabezamiento de la primera serie, ya que están asonantados en a-o (grado, cormano, vasallo, plazo).

[16] Álvar Fáñez, por sobrenombre *Minaya*, es personaje tan importante en todo el poema, que llega a ser considerado por el Cid como su segundo, llamándole «valiente lanza», «mi diestro brazo», etc. En todas las batallas lleva él la iniciativa, y él es quien hace el plan de campaña, por ser considerado por todos como el más ducho en tareas militares, así como, luego en las de la paz, según se puede ver en la organización de la vida civil de Valencia, y aun como buen diplomático, razón por la cual el Cid le encarga de las entrevistas con el rey de Castilla.

La personalidad histórica de Álvar Fáñez, «el que Zorita mandó» (véase nota 134), se puede justificar por documentos de la época, ya que en ellos consta que realmente ese caballero gobernó la ciudad de Zorita (años de 1097 a 1107). Fue notable caballero en la corte de Al-fonso VI y conquistador de la Alcarria. En el reinado de doña Urraca, hija de Alfonso VI, llegó a ser gobernador de Toledo (años de 1109 a 1114), hasta que en el último uño venció en guerra a los partidarios del rey de Aragón, Alfonso el Batallador. El poema lo llama sobrino del Cid, lo que también se confirma por la carta de arras de doña Jimena en 1074, así como constan las andanzas históricas de Álvar Fáñez, aunque no coincidan ciertamente con las que el poema le atribuye al lado del Campeador.

»como leales vasallos».
Su aprobación dieron todos
a cuanto dijo don Álvaro.
Mucho agradeció mío Cid
cuanto allí fuera acordado...
    El Cid salió de Vivar [17],
a Burgos va caminando,
allá dejó sus palacios
yermos y desheredados.

Por sus ojos mío Cid va tristemente llorando [18],
volvía atrás la cabeza y se quedaba mirándolos.
Miró las puertas abiertas, los postigos sin candados,
las alcándaras [19] vacías sin pellizones ni mantos,
sin los halcones de caza ni los azores mudados [20].
Suspiró entonces mío Cid, de pesadumbre cargado,

[17]  Vivar es una pequeña aldea cercana a Burgos, dos leguas, en donde afincó
la familia del Cid, quien tomó el nombre del pueblo como sobrenombre propio.
En Vivar estaba la casa solar del Cid y las tierras de su señorío.

[18]  Este verso es el primero que tenemos del poema, según el manuscrito de
Per Abbat, escrito en 1307. A partir de aquí, sigue el poema por los versos del
texto referido, excepto las lagunas, que han sido sustituidas por la prosa de las
*Crónicas*, en las que el viejo poema quedó disuelto.

[19]  Alcándara es una especie de percha o varal en donde se solían posar las aves
que servían para la cetrería. También se solía llamar así la percha de que se colga-
ban los vestidos. Estas perchas se formaban por varas atravesadas en forma de
puente, y de ahí deduce Tomás Antonio Sánchez que tomaron el nombre de alcán-
daras, que se derivaba de alcántaras, que en árabe significa puente. Pellizones y
mantos: pellizón o pelliza o simplemente piel, venía a ser una túnica ancha con
amplias mangas que iba sobre el brial, y más corta que él. Solía ser de piel, o forra-
da al menos de ella. Se usaba generalmente piel de armiño, y también de cordero o
conejo. Manto era la prenda que iba sobre el pellizón, de uso privativo de los caba-
lleros, que acostumbraban llevarlo anudado o prendido sobre el hombro derecho,
y también solía ir forrado de armiño o de otras pieles.

[20]  Halcones y azores. Aves de rapiña que, reducidas a domesticidad, se usa-
ban para la cetrería en la Edad Media. Llama a los azores mudados, esto es, ya
pasada la muda de la pluma, en que eran más preciadas estas aves de caza.

y comenzó a hablar así, tan justo y tan mesurado [21]:
«¡Loado seas, Señor, padre que estás en lo alto!
»Todo esto me han urdido mis enemigos malvados» [22].


## 2

*Agüeros en el camino de Burgos.*


YA aguijaban [23] los caballos, ya les soltaban las riendas.
Cuando de Vivar salieron vieron la corneja diestra [24],
y cuando entraron en Burgos la vieron a la siniestra.
Movió [25] mío Cid los hombros y sacudió la cabeza:
«¡Albricias —dijo—, Álvar Fáñez, que de Castilla nos echan,
»mas a gran honra algún día tornaremos a esta tierra!».


[21] El hablar mesurado quiere decir aquí comedidamente, virtud muy estimada en los caballeros. Obsérvese que en los momentos solemnes siempre el Cid emplea este modo de hablar.

[22] Aquí alude el Cid a sus enemigos, los que lo acusaban ante el rey para quitarle el favor real hasta llevarlo al destierro. A ellos alude también Jimena en el último verso de la serie 15.

[23] Aguijar, espolear los caballos a golpe de aguijón, que también se llama espolón, y después se llamó acicate.

[24] «La corneja diestra.» Al empezar el viaje, si se veía volar una corneja a la derecha del viandante, teníase ello como señal de buen agüero, así como, al contrario, el verla a la izquierda lo era de desgracia. Aquí sale el Cid de Vivar con buen presagio; mas al llegar a Burgos se tuerce la suerte del Campeador y de los que lo acompañan. La costumbre supersticiosa de los agüeros estaba muy arraigada, sobre todo entre los caballeros y adalides. Se basaba en la observación de vuelo, aparición y canto de las aves.

[25] «Movió los hombros y sacudió la cabeza.» Parece que este ademán era costumbre hacerlo para alejar el maleficio del mal agüero, según las costumbres supersticiosas medievales.

3

*El Cid entra en Burgos.*

Mío Cid Rodrigo Díaz en Burgos, la villa, entró;
hasta sesenta pendones [26] llevaba el Campeador;
salían a verlo todos, la mujer como el varón:
a las ventanas la gente burgalesa se asomó
con lágrimas en los ojos ¡que tal era su dolor!
Todas las bocas honradas decían esta razón:
«¡Oh Dios y qué buen vasallo, si tuviese buen señor!» [27].


4

*Nadie hospeda al Cid.—Solo una niña le dirige la palabra para
mandarle alejarse.—El Cid se ve obligado a acampar fuera de la
población, en la Glera.*

De grado lo albergarían, mas ninguno se arriesgaba:
que el rey don Alfonso al Cid le tenía grande saña.
Antes de la noche, a Burgos llegó aquella real carta
con severas prevenciones y fuertemente sellada [28]:

[26]  Aquí se cuenta la gente que sigue al Cid por el número de sus pendones,
que viene a ser el de lanzas (que era lo más usual), ya que cada lanza llevaba su
correspondiente pendón, como se puede ver en los versos 4 de la serie 21 y 9 de
la 35, en los que se cuenta a los mesnaderos del Campeador por el número de
lanzas provistas de pendón. El juglar va contando cuidadosamente, a través de
todo el poema, cómo aumentan las huestes del Cid, que sale de Vivar con sesen-
ta pendones y llega, en Valencia, a contar con cuatro mil caballeros.
[27]  En estos versos da a entender el juglar la gran simpatía de que gozaba el
Cid entre todas las gentes burgalesas, a pesar de la orden de destierro que el rey
da contra el Campeador. El pueblo entero se indigna contra tan injusta orden y
vitupera al rey ingrato con esta expresión: «¡Dios y qué buen vasallo, si hubiese
buen señor!».
[28]  Da a entender este verso que la orden era severa y tajante y autorizada en
todo su rigor por el sello del rey.

que a mío Cid Ruy Díaz nadie le diese posada,
y si alguno se la diese supiera qué le esperaba [29]:
que perdería sus bienes y los ojos de la cara,
y que además perdería salvación de cuerpo y alma.
Gran dolor tenían todas aquellas gentes cristianas [30];
se escondían de mío Cid, no osaban decirle nada.

El Campeador, entonces, se dirigió a su posada [31];
así que llegó a la puerta, encontrósela cerrada;
por temor al rey Alfonso acordaron el cerrarla,
tal que si no la rompiesen, no se abriría por nada.
Los que van con mío Cid con grandes voces llamaban,
mas los que dentro vivían no respondían palabra.
Aguijó, entonces, mío Cid, hasta la puerta llegaba;
sacó el pie de la estribera y en la puerta golpeaba,
mas no se abría la puerta, que estaba muy bien cerrada.

Una niña de nueve años frente a mío Cid se para;
«Cid Campeador, que en buena hora ceñisteis la espada,
»sabed que el rey lo ha vedado; anoche llegó su carta
»con severas prevenciones y fuertemente sellada.
»No nos atrevemos a daros asilo por nada,
»porque si no perderíamos nuestras haciendas y casas,
»y hasta podía costarnos los ojos de nuestras caras.
»¡Oh buen Cid!, en nuestro mal no habíais de ganar nada;
»que el Creador os proteja, Cid, con sus virtudes santas».
Esto la niña le dijo y se volvió hacia su casa.
Ya vio el Cid que de su rey no podía esperar gracia.

---

[29] En estos versos se resume la cláusula penal que contenía la orden del rey, por la que se amenazaba con la confiscación de bienes y con la ceguera, entonces usual, además de la excomunión, a aquellos que contraviniesen lo dispuesto por la orden regia. Históricamente se sabe que Alfonso VI usó alguna vez de esta cláusula en sus diplomas; pero en tiempos en que se escribió el poema ya no se solía usar.

[30] Gentes cristianas vale tanto como decir todos.

[31] A partir de este verso se desarrolla uno de los pasajes más emotivos del poema, en el que el anónimo juglar puso una tierna emoción que contrasta notablemente con otras escenas de lucha y dolor.

Partió de la puerta, entonces, por la ciudad aguijaba,
llega hasta Santa María [32], y a su puerta descabalga;
las rodillas hincó en tierra y de corazón rezaba.
Cuando acaba su oración, de nuevo mío Cid cabalga;
salió luego por la puerta y el río Arlanzón cruzaba [33].
Junto a Burgos, esa villa, en el arenal acampa,
manda colocar la tienda y luego allí descabalga.
Mío Cid Rodrigo Díaz, que en buen hora ciñó espada,
en el arenal posó, nadie lo acogió en su casa;
pero en torno de él hay mucha gente que lo acompañaba.
Así acampó mío Cid como si fuese en montaña.
También ha vedado el rey que en Burgos le vendan nada
de todas aquellas cosas que puedan ser de vianda;
nadie osaría venderle ni aun una dinerada [34].

5

*Martín Antolínez viene a Burgos a proveer de víveres
al Cid.*

El buen Martín Antolínez [35], el burgalés más cumplido,
a mío Cid y a los suyos los provee de pan y vino:

[32] Santa María. Así llama el autor a la iglesia mayor de la ciudad, esto es, la
catedral de Burgos, que Alfonso VI edificara en 1075 sobre el palacio de su padre,
Fernando I. La actual catedral data del siglo XIII, mandada edificar por Fernando
III sobre la antigua, que era la iglesia mayor de Santa María a que se refiere el
poema.

[33] Sale el Cid de Burgos por la puerta llamada de Santa María, cercana a la
catedral del mismo nombre; cruza el río Arlanzón y va a acampar más allá, en un
arenal junto a la ciudad, en la que no ha encontrado albergue la primera noche de
su destierro.

[34] El rigor del rey para con el Cid llega a tal punto que no solo prohíbe que
alojen al Campeador en Burgos, sino hasta que le vendan viandas ni aun de ellas
una dinerada, esto es, la cantidad de víveres necesaria para la manutención de
una persona y que solía valer un dinero, por lo que tomaba este nombre.

[35] Martín Antolínez. Este rico caballero burgalés, que se destierra voluntaria-
mente con el Cid, es uno de los principales personajes del poema. El juglar lo lla-

no lo compró, porque era de cuanto llevó consigo [36],
así de todo condumio bien los hubo abastecido.
Agradeciolo mío Cid, el Campeador cumplido
y todos los otros que van del Cid a su servicio.
    Habló Martín Antolínez, oiréis [37] lo que hubo dicho:
«¡Oh mío Cid Campeador, en buena hora nacido!
»Esta noche reposemos para emprender el camino,
»porque acusado seré de lo que a vos he servido,
»y en la cólera del rey Alfonso estaré incluido.
»Si con vos logro escapar de esta tierra sano y vivo,
»el rey, más pronto o más tarde, me ha de querer por amigo,
»si no, cuanto dejo aquí no me ha de importar ni un higo» [38].

ma con los epítetos épicos de «burgalés cumplido», «burgalés leal», etc. El Campeador
lo estima y se aconseja frecuentemente de él. Interviene en la negociación de las
arcas de arena con los judíos, y, finalmente, reta al infante de Carrión don Diego, a
quien vence en el campo. Su existencia histórica no ha podido ser confirmada aún,
en la actualidad, por documento fehaciente alguno.

[36] El juglar advierte aquí deliberadamente que Martín Antolínez no desobe-
dece la real prohibición, puesto que no compra las viandas para socorrer al Cid,
sino que entrega de las suyas propias.

[37] Oiréis. Es frecuente, a lo largo del poema, que el juglar interrumpa la narra-
ción para decirle al público que lo escucha: «oiréis», «escuchad», «ahora oiréis
lo que digo», y otras expresiones que nos dan a entender que el poema, al igual
que otros cantares de gesta, se solía cantar o recitar a viva voz ante un público
improvisado y heterogéneo que circunstancialmente escuchaba.

6

*El Cid, empobrecido, acude a la astucia de Martín*
*Antolínez.—Las arcas de arena.*

Habló entonces mío Cid, el que en buena ciñó espada[39],
«¡Martín Antolínez, vos que tenéis ardida lanza[40],
»si yo vivo, he de doblaros, mientras pueda, la soldada!
»Gastado ya tengo ahora todo mi oro y mi plata;
»bien lo veis, buen caballero, que ya no me queda nada;
»necesidad de ello tengo para quienes me acompañan;
»a la fuerza he de buscarlo si a buenas no logro nada[41].
»Con vuestro consejo, pues, quiero construir dos arcas;
»las llenaremos de arena para que sean pesadas,
»de guadalmecí[42] cubiertas y muy bien claveteadas».

[38] De tan buena gana siguió Martín Antolínez al Campeador en su destierro, que no teme el verse incluido en la cólera del rey, que, sabe, ha de confiscar sus bienes, que desprecia con esta frase popular: «No me importa un higo». Estas expresiones gráficas solían usarse aun en el lenguaje elevado de los poemas épicos en la Edad Media, como puede verse en otras obras de la época.

[39] Para designar al Cid suele el juglar emplear varias frases con categoría de epítetos épicos; así «el que en buena hora nació», «el que en buena hora ciñó espada», etc., y muchas veces aun suprimiendo la palabra hora, que se sobrentiende.

[40] «Ardida lanza». Viene a ser como llamarlo valiente, denodado. Epíteto épico que en varias ocasiones da el Cid a sus caballeros, indistintamente, como se verá a lo largo del poema. (Véase versos 12 y 62 de la serie 23, entre otros.)

[41] Aquí el Cid justifica, por la necesidad que lo obliga, el tener que recurrir al engaño de las arcas, que desde aquí comienza a proponer a Martín Antolínez. En los versos 7 y 8 de la serie 7 pide perdón a Dios por el engaño que las circunstancias lo obligan a cometer.

[42] Guadalmecí, que también se llama guadamecí, es un cuero curtido y adobado, con dibujos y adornos, propio de arreos finos.

## 7

### *Las arcas destinadas a obtener dinero de dos judíos burgaleses.*

«LOS guadalmecíes rojos y los clavos bien dorados[43].
»Buscad a Raquel y Vidas[44], decidles que me han privado
»el poder comprar en Burgos, y que el rey me ha desterrado,
»y que llevarme mis bienes no puedo, pues son pesados;
»y empeñárselos quisiera por lo que fuese acordado;
»que se los lleven de noche y no los vean cristianos[45].
»Que me juzgue el Creador[46] junto con todos sus santos,
»que otra cosa hacer no puedo, y esto por fuerza lo hago.»

[43] Este verso, que repite el final de la serie anterior, viene a hacer resaltar que el discurso del Cid continúa a pesar del cambio de asonancia que hay entre las dos series.

[44] Raquel y Vidas. Estos son dos judíos, figuras, si bien representativas de su raza, totalmente literarias y sin justificación histórica alguna. El episodio de las arcas de arena (que comienza en este verso), y a cuyo subterfugio acude el Cid para allegarse dinero, es del todo ficticio, pero no original del poema. En multitud de cuentos medievales aparece este ardid como manera de adquirir dinero por medio del engaño. Muy conocido fue la *Disciplina Clericalis*, de Pedro Alfonso, coetáneo del Cid, en una de cuyas narraciones se recurre a este tema literario, que llegó a constituirse en tópico en la literatura medieval. El parecido de ambos episodios, hasta en el detalle del cuidado puesto en la presentación de las arcas, hace suponer que el juglar del poema conocía el cuento de la *Disciplina*, que tanta difusión alcanzó en su época.

[45] Cristianos: «No los vean cristianos» equivale aquí tanto como decir «nadie». Otras veces se solía emplear la frase «No lo sepan moros ni cristianos».

[46] Pone aquí el Cid su acción ante la vista de Dios, que ha de medir el alcance de lo hecho y su buena intención de resarcir de las pérdidas, más adelante, a los judíos prestamistas.

8

*Martín Antolínez vuelve a Burgos en busca de los judíos.*

En cumplirlo así, Martín Antolínez no se tarda;
atravesó toda Burgos y en la judería entraba [47],
y por Raquel y por Vidas con gran prisa preguntaba.

9

*Trato de Martín Antolínez con los judíos.—Estos van a la
tienda del Cid.—Cargan con las arcas de arena.*

Raquel y Vidas, los dos juntos estaban entrambos,
ocupados en contar cuanto llevaban ganado.
Llegó Martín Antolínez y así les dijo, taimado:
«¿Cómo estáis, Raquel y Vidas, mis buenos amigos caros?
»En secreto ahora quisiera a los dos juntos hablaros».
No le hicieron esperar, los tres juntos se apartaron.
«Raquel y Vidas, amigos buenos, dadme vuestras manos [48],
»no me descubráis jamás, ni a nadie habéis de contarlo.
»Para siempre os haré ricos, y nada habrá de faltaros.
»El Campeador, mío Cid, por las parias fue enviado
»y trajo tantas riquezas para sí que le han sobrado [49],

---

[47] El texto dice «Al castiello entraba», porque era usual que la judería de las ciudades estuviese dentro de las murallas de la población, junto a las fortificaciones del castillo, ya que les estaba prohibido a los judíos vivir diseminados por la ciudad.

[48] Martín Antolínez les pide las manos para estrecharlas, ya que el apretón de manos constituía un acto simbólico de la promesa jurada, y el enviado del Cid no hacía ahora sino ratificar un pacto ya concertado con los judíos

[49] Aquí, Martín Antolínez da como verdad la imputación que al Cid hicieran sus enemigos, no porque la crea él, sino para estimular así la codicia de los judíos, explotando la calumnia que, según el juglar, fue la causa del destierro del Cid.

»y solo quiso quedarse con lo que valía algo,
»por esto es por lo que ahora algunos lo han acusado.
»Tiene dos arcas repletas del oro más esmerado.
»Ya sabéis que el rey Alfonso del reino lo ha desterrado.
»Deja aquí sus heredades, sus casas y sus palacios.
»Las arcas llevar no puede, pues sería denunciado,
»y quiere el Campeador dejarlas en vuestras manos
»para que le deis por ellas algún dinero prestado.
»Tomad las arcas, y luego llevadlas a buen recaudo,
»mas antes de ello, sabed que habéis de jurar entrambos
»que no las habéis de abrir durante todo este año».
    Entre sí, Raquel y Vidas de esta manera se hablaron:
«Necesidades tenemos en todo de ganar algo.
»Bien sabemos que mío Cid por las parias fue enviado
»y que de tierra de moros grande riqueza se trajo,
»y no duerme sin sospecha quien caudal tiene acuñado [50].
»Estas arcas de mío Cid las tomaremos para ambos,
»y el tesoro meteremos donde nadie pueda hallarlo.
    »Pero, decidnos: ¿el Cid con qué se verá pagado
»o qué interés nos dará durante todo este año?».
Así Martín Antolínez les repuso, muy taimado:
«Mío Cid ha de querer lo que aquí sea ajustado,
»poco os ha de pedir por dejar sus bienes a salvo.
»Muchos hombres se le juntan y todos necesitados
»y para ellos precisa ahora seiscientos marcos».
Dijeron Raquel y Vidas: «Se los daremos de grado».
«Ya veis que llega la noche, el Cid está ya esperando,
»y necesidad tenemos que nos entreguéis los marcos».
Dijeron Raquel y Vidas: «No se hacen así los tratos,
»sino primero cogiendo las prendas y, luego, dando».
Dijo Martín Antolínez: «Por mi parte acepto el trato.
»Venid, pues, y a mío Cid se lo podréis contar ambos,
»y luego os ayudaremos, según hemos acordado,

[50] «Haber monedado», esto es: moneda, oro o plata acuñada.

»para acarrear las arcas hasta ponerlas a salvo,
»y que de ello no se enteren los moros ni los cristianos» [51].
Dijeron Raquel y Vidas: «Conforme los dos estamos,
»y una vez aquí las arcas, tendréis los seiscientos marcos».
   Martín Antolínez va cabalgando apresurado,
con él van Raquel y Vidas, y los dos van de buen grado.
No quieren pasar el puente, y por el agua pasaron [52]
para que no les descubra en Burgos ningún cristiano.
   He aquí que a la tienda llegan del Campeador honrado;
así como en ella entran, al Cid le besan las manos.
Sonrioles mío Cid y así comenzó a hablarlos:
«¡Ay don Raquel y don Vidas, ya me habíais olvidado!
»Yo me marcho de esta tierra, porque el rey me ha desterrado.
»De todo cuanto ganare habrá de tocaros algo,
»mientras viváis, si yo puedo, no estaréis necesitados».
Raquel y Vidas, al Cid vuelven a besar las manos [53].
   Martín Antolínez ya tiene el negocio ajustado
de que sobre aquellas arcas le darán seiscientos marcos
y que ellos las guardarán hasta que se acabe el año;
así ellos lo prometieron y así habíanlo jurado,
y si antes las abriesen perjuros fueran malvados
y no les diese mío Cid de intereses ni un ochavo.
Dijo Martín Antolínez: «Las arcas pronto llevaos.
»Llevadlas, Raquel y Vidas, ponedlas a buen recaudo;
»yo con vosotros iré para traerme los marcos,
»porque ha de partir el Cid antes de que cante el gallo».
Al cargar las arcas, ¡vierais cómo los dos se alegraron!,

[51] «Moros ni cristianos.» Quiere decir «nadie», como se dice con otras frases parecidas, en los versos 52 de la serie 9, 17 de la 140, en la nota 45 y en la 479.

[52] No quiere atravesar el puente y atraviesan el agua para no ser descubiertos. (Véase la nota 33.)

[53] Raquel y Vidas vuelven a besar las manos al Cid en señal de agradecimiento por el favor prometido. Primero las besaron como saludo. También era costumbre besar las manos al ir a pedir un favor. (Véanse los versos 1 y 6 de la serie 10.)

aunque muy forzudos eran, con esfuerzo las cargaron.
Se gozan Raquel y Vidas en las ganancias pensando,
ya que en tanto que viviesen por ricos se tienen ambos.


### 10


*Despedida de los judíos y el Cid.—Martín Antolínez se*
*va con los judíos a Burgos.*


RAQUEL a mío Cid toma la mano para besarla:
«¡Oh Campeador, tú que ceñiste en buen hora espada!
»De Castilla ya os marcháis hacia donde hay gente extraña.
»Cual grande es vuestra ventura sean grandes las ganancias;
»una pelliza [54] bermeja os pido de mora traza,
»¡oh Cid, os beso la mano que en don ha de regalármela!».
«Pléceme —dijo mío Cid—, la pelliza os será dada.
»Si desde allá no os la envío, descontadla de las arcas.»
Entonces, Raquel y Vidas las dos arcas se llevaban,
Martín Antolínez va con ellos, y a Burgos marchan.
Así con todo secreto, llegaron a su morada;
extendieron una alfombra en el suelo de la cámara
y una sábana sobre ella de tela de hilo muy blanca.
Por primera vez contó [55] trescientos marcos de plata,
contábalos don Martín, sin pesarlos los tomaba;
los otros trescientos marcos en oro se los pagaban.
Cinco escuderos llevó y a todos ellos cargaba.
Cuando esto estuvo hecho, oiréis lo que les hablaba:


[54] Pelliza o pellizón. (Véase la nota 19.)
[55] Para contar las monedas no bastaba la sola numeración de ellas, sino que había que pesarlas además, ya que las deficiencias de la acuñación daban distinto peso a las monedas del mismo valor. Martín Antolínez las toma sin pesarlas, dando muestra de confianza a los judíos.

«Ya en vuestras manos, Raquel y Vidas, están las arcas;
»yo, que esto os hice ganar, bien me merezco unas calzas [56]».


## 11

*El Cid, provisto de dinero por Martín Antolínez, se dis*
*pone a marchar.*

ENTONCES Raquel y Vidas entre sí los dos se hablaron:
«Debemos darle algún don, que el negocio él ha buscado.
»Martín Antolínez, dicen, burgalés bien afamado,
»en verdad lo merecéis y nos place el obsequiaros
»para que os hagáis las calzas, rica pelliza y buen manto.
»Os damos en donación para ello treinta marcos;
»merecido lo tenéis porque habéis hecho este trato:
»y habéis sido el fiador de cuanto aquí hemos pactado».
Lo agradeció don Martín así, y recibió los marcos;
de la casa va a salir y se despide de ambos.
Una vez salió de Burgos, el Arlanzón ha pasado.
y se dirige a la tienda de su señor bienhadado.
    Recibiole mío Cid abiertos entrambos brazos:
«¿Venís [57], Martín Antolínez, mi fiel amigo y vasallo?
»¡Pueda ver el día en que pueda pagarte con algo!» [58].

[56] Costumbre medieval era dar como agradecimiento el valor de unas calzas. Se solía hacer este donativo por algún servicio prestado. Bien se daban materialmente las calzas, o bien el dinero suficiente para adquirirlas. Martín Antolínez pide la comisión por el negocio ajustado con los judíos y la pide con la frase que corresponde a la vieja costumbre castellana.

[57] «¿Venís?» es interrogación usual para saludar, dando la bienvenida, así como en las despedidas era costumbre decir «¿Ides vos?», «¿Os vais?», etc. Estos saludos se repiten varias veces a lo largo del poema. (Véanse los versos 62 de la serie 23, 96 de la 83, etc.)

[58] Esta expresión la repite varias veces el Cid como promesa de su constante agradecimiento. (Véanse los versos 27 de la serie 99, nota 330 y verso 6 de la serie 132.)

«Vengo, Cid Campeador, y buenas noticias traigo:
»para vos seiscientos marcos y yo treinta me he ganado.
»Mandad recoger la tienda y con toda prisa vámonos,
»que en San Pedro de Cardeña oigamos cantar el gallo[59]:
»veremos a vuestra esposa, digna y prudente hijadalgo.
»Acortemos vuestra estancia de este reino salgamos;
»ello necesario es porque va a expirar el plazo».


## 12

*El Cid monta a caballo y se despide de la catedral de
Burgos, prometiendo mil misas al altar de la Virgen.*

Y dichas estas palabras, la tienda fue recogida.
Mío Cid y sus vasallos cabalgan a toda prisa.
La cara de su caballo vuelve hacia Santa María,
alza su mano derecha y la cara se santigua:
«¡A ti lo agradezco, Dios, que el cielo y la tierra guías;
»que me valgan tus auxilios, gloriosa santa María!
»Aquí, a Castilla abandono, puesto que el rey me expatría;
»¡quién sabe si volveré en los días de mi vida!
»¡Que vuestro favor me valga, oh gloriosa, en mi salida
»y que me ayude y socorra en la noche y en el día!
»Si así lo hicieseis, oh Virgen, y la ventura me auxilia,
»a vuestro altar mandaré mis donaciones más ricas;
»en deuda quedo con vos de haceros cantar mil misas».


[59] Quiere decirse que allí les amanezca, esto es: allí les cante el gallo. Señalar
las horas de la madrugada por los cantos del gallo es frecuente en el poema.
Repítese en el verso 31, serie 18.

## 13

*Martín Antolínez se vuelve a la ciudad.*

SE despidió aquel varón cumplido, de voluntad.
Sueltan las riendas y empiezan los caballos a aguijar.
Dijo Martín Antolínez, aquel burgalés leal:
«Para ver a mi mujer, me volveré a la ciudad,
»y advertir cómo en el tiempo de mi ausencia habrán de obrar.
»Si el rey me quita mis bienes, poco ello me ha de importar.
»Con vosotros estaré cuando el sol quiera rayar».

## 14

*El Cid va a Cardeña a despedirse de su familia.*

DON Martín retorna a Burgos, y mío Cid se marchó
a San Pedro de Cardeña [60], apretando el espolón,
con los demás caballeros que sírvenle a su favor.
    Aprisa cantan los gallos, quieren quebrar el albor;
cuando llegó al monasterio el buen Cid Campeador,
estaba el abad don Sancho [61], cristiano del Creador,

---

[60] El monasterio de San Pedro de Cardeña está situado a unos doce kilómetros de la ciudad de Burgos. Fue un importante monasterio benedictino fundado en el siglo VI por doña Sancha, mujer del rey godo Teodorico. Se reedificó por Alfonso III, el Magno, después de la invasión árabe, que destruyó el primitivo edificio. La nueva fábrica se llevó a cabo por el abad Pedro del Burgo (1430-1445). De la primitiva solo quedan ruinas en la actualidad. En su iglesia estuvieron enterrados el Cid y doña Jimena hasta 1928, en que fueron trasladados solemnemente a la catedral de Burgos, donde actualmente reposan.

[61] El abad don Sancho es, en el poema, el del monasterio de San Pedro de Cardeña, donde quedaron la esposa y las hijas del Cid cuando este partió para el destierro. El nombre de este personaje es del todo ficticio, ya que el verdadero abad de aquel monasterio a la sazón fue el de Sisebuto, que rigió el monasterio durante veinticinco años y fue canonizado con el nombre de san Sisebuto.

rezando ya los maitines mientras apunta el albor.
Y estaba doña Jimena, con cinco damas de pro,
rogando a san Pedro apóstol y al divino Creador:
«¡Tú, que eres de todos guía, ampara al Campeador!».


# 15

### Los monjes de Cardeña reciben al Cid.—Jimena y sus hijas llegan ante el desterrado

CUANDO a la puerta llamaran, de la nueva se enteraron;
¡Dios y qué alegre se puso aquel buen abad don Sancho!
Con luces y con candelas salieron todos al patio,
y con gran gozo reciben a mío Cid bienhadado:
«Gracias a Dios, mío Cid —dijo así el abad don Sancho—,
»pues que bajo mi custodia al fin os veo hospedado».
Dijo entonces mío Cid Campeador, el bienhadado:
«Gracias a vos; satisfecho estoy de veros, don Sancho;
»yo prepararé el condumio para mí y mis vasallos;
»al marcharme de esta tierra os daré cincuenta marcos,
»y si aún vivo más tiempo, os lo he de dar doblados.
»No quiero que el monasterio por los míos haga gasto;
»para mi esposa Jimena [62] hoy os entrego cien marcos;
»a ella como a sus hijas y damas servid hogaño.
»Dos hijas os dejo niñas, tomadlas en vuestros brazos [63];

[62] Doña Jimena Díaz, la esposa del Cid, personaje tan principal en el poema, tiene una base histórica suficientemente comprobada en documentos de la época, si bien bastantes detalles biográficos suyos han sido deformados por la leyenda y los romances. Fue hija del conde de Oviedo y sobrina de Alfonso VI, quien la casó con el Campeador, dándole así pruebas de su regia estima. Las rivalidades entre el Cid y el conde Lozano, a quien la leyenda supone padre de doña Jimena, son enteramente de origen literario y romancesco.

[63] «Tomadlas en vuestros brazos» vale tanto como decir «cuidadlas con todo esmero y cariño». Venía a ser la fórmula de ponerlas bajo su protección.

»a vos os las encomiendo desde ahora, abad don Sancho;
»de ellas y de mi mujer habréis de tener cuidado.
»Si se acabara el dinero o necesitaren algo,
»entregadles cuanto pidan, buen abad, así os lo mando;
»por un marco que gastéis daré al monasterio cuatro».
Así lo promete hacer el abad de muy buen grado.
    He aquí que doña Jimena con sus hijas va llegando:
sendas damas las traían recostadas en sus brazos.
Ante el Cid doña Jimena hincó sus hinojos ambos,
con lágrimas en los ojos, le quiso besar las manos:
«¡Merced os pido —le dice—, Campeador bienhadado!
»Por calumnias de malsines de esta tierra sois echado».


## 16

*Jimena lamenta el desamparo en que queda la niñez de sus hijas.—*
*El Cid espera llegar a casarlas honradamente.*


«¡Merced os pedimos[64], Cid, el de la barba crecida![65].
»Heme ahora ante vos y conmigo vuestras hijas,
»de tan poca edad las dos y tan niñas todavía,
»y con nosotras las damas por las que somos servidas.
»Ya veo, Campeador, que vais a emprender la ida
»y habremos de separarnos los dos aun estando en vida.
»¡Dadnos ya vuestro consejo, oh Cid, por santa María!»
    Las dos manos alargó el de la barba bellida
y cogió con sus dos brazos con amor a sus dos hijas;

---

[64] Verso de encadenamiento para hacer resaltar que el discurso de Jimena continúa a pesar del cambio de asonancia, como ocurre con el verso 1 de la serie 7, ya visto.

[65] «Barba vellida.» O barba crecida. Se usa aquí esta frase como epíteto épico privativo del Cid, y ha llegado a hacerse tan popular que, como un bello arcaísmo, se usa en la actualidad también. Llega a designar por sí sola esta frase la persona del Cid, aun sin poner el nombre que la preceda. (Véase la nota 165.)

las acercó al corazón, porque mucho las quería.

Con lágrimas en los ojos muy fuertemente suspira:

«¡Oh doña Jimena, esposa tan honrada y tan cumplida,

»a vos os quise, mujer, igual como al alma mía!

»Ya veis que preciso es el separarnos en vida;

»yo he de partir, mientras vos os quedaréis en Castilla.

»¡Plegue a Dios, y así también le plegue a santa María,

»que yo case por mis manos [66], algún día a nuestras hijas,

»y que para tal ventura gozar se alarguen mis días,

»y vos, mi mujer honrada, por mí habéis de ser servida!».


17

*Un centenar de castellanos se juntan en Burgos para*
*irse con el Cid.*


GRANDE comida le hacen al buen Cid Campeador.

Tañen todas las campanas en San Pedro a gran clamor.

Por toda Castilla va extendiéndose el pregón [67]:

cómo se va de la tierra mío Cid Campeador;

los unos dejan sus casas, los otros su posesión [68].

En aquel día en el puente que hay sobre el río Arlanzón

ciento quince caballeros todos reunidos son

---

[66]  Adviértase cómo aquí empieza el juglar a preocuparse por las bodas de las hijas del Cid, que han de constituir el nudo novelístico de todo el poema. El arte del juglar se manifiesta aquí en toda su sagacidad.

[67]  «Extendiéndose el pregón.» Por tierras de Castilla se pregona el destierro del Cid. Con él se destierran voluntariamente varios caballeros, aparte de sus vasallos, que tenían la obligación de seguir a su señor; mas los que, no siéndolo, querían irse con él, ya sabían que incurrían en el desafecto real y perdían sus casas y honores, que habían de serles confiscados en consecuencia.

[68]  Si bien los vasallos tenían la obligación de seguir a su señor al destierro, los que libremente lo seguían atraían sobre sí la pena de confiscación de sus bienes y heredades.

preguntando dónde está mío Cid Campeador;
Martín Antolínez, que vuelve, a ellos se juntó [69],
y vanse a San Pedro, donde está el que en buena hora nació.


## 18

*Los cien castellanos llegan a Cardeña y se hacen vasallos del Cid.—
Este dispone seguir su camino por la mañana.—Los maitines en
Cardeña.—Oración de Jimena. Adiós del Cid a su familia.—Últi-
mos encargos al abad de Cardeña.—El Cid camina al destierro;
hace noche después de pasar el Duero.*

CUANDO supo mío Cid Campeador el de Vivar
cuál crece su compañía de guerreros más y más,
cabalgando muy de prisa, a recibirlos se va;
volvió a sonreír el Cid cuando ante su vista están;
todos llegan, y las manos del Cid se van a besar [70].
Habló entonces mío Cid con su mejor voluntad:
«Yo ruego a nuestro Señor y padre espiritual,
»que a los que dejáis por mí las casas y la heredad,
»antes que yo muera, un día os pueda recompensar [71];
»y cuanto hoy perdéis, doblado un día podáis cobrar».
Plugo a mío Cid el ver sus mesnadas aumentar,

[69] Los ciento quince caballeros que quisieron seguir al Cid preguntaron por
él al pasar el río. Encuentran a Martín Antolínez, que de la ciudad regresa en
busca de su señor, y con él se juntan para ir a incorporarse a las mesnadas del
Campeador.

[70] Besar la mano a su señor era la fórmula en que consistía el pacto de vasa-
llaje. Los caballeros que voluntariamente pactaban vasallaje a un señor, hacíanle
su juramento de obediencia con la ceremonia de besar su mano. Este pacto era
temporal y se podía rescindir a voluntad de cualquiera de las partes.

[71] El Cid tiene la preocupación de retribuir a sus caballeros, para lo cual lucha
y trabaja a fin de recompersarlos de los bienes que libremente abandonaron para
seguirlo en el destierro. Cuando, conquistada Valencia, llega a la plenitud de su
gloria, puede ver con creces sus deseos cumplidos.

y plugo a todos los otros que al destierro con él van.
    Del plazo acordado, seis días han pasado ya,
tres días solo les quedan para el plazo terminar.
Mandó el rey a mío Cid Campeador vigilar,
ni por oro ni por plata lo dejasen escapar.
El día ya va saliendo, la noche quería entrar,
y a sus buenos caballeros el Cid los mandó juntar:
«Oíd —les dice— varones, esto no os cause pesar:
»poco tengo, pero quiero a todos su parte dar.
»Tened muy presente, pues, lo que ahora os voy a mandar:
»tan pronto como amanezca y el gallo quiera cantar,
»no os retraséis y mandad los caballos ensillar;
»en San Pedro a los maitines el buen abad tocará,
»y la misa dirá luego de la santa Trinidad [72].
»y una vez la misa dicha, habremos de cabalgar
»porque el plazo ya se acerca y mucho hay que caminar».
Como lo mandó mío Cid, sus vasallos cumplirán.
Pasando se va la noche, viene la mañana ya;
cuando los segundos gallos [73] cantan, pónense a ensillar.
    Tañe apresuradamente a maitines el abad;
mío Cid y su mujer hacia la iglesia se van.
Echose doña Jimena en las gradas del altar,
rogándole al Creador lo mejor que sabe y más,
para que al Campeador lo guarde el Señor del mal:
«A ti, mi Señor glorioso, padre que en el cielo estás,
»que hiciste el cielo y la tierra y el día tercero el mar;

[72] «La misa de la santa Trinidad» era una misa votiva de gran devoción en aquel tiempo, y se solía celebrar antes de los grandes acontecimientos. Véase cómo la dice también antes de la batalla con el rey Búcar el obispo don Jerónimo en Valencia. (Verso 17 de la serie 116.)

[73] «Los segundos gallos», esto es: el segundo cantar de los gallos, hacia las tres de la madrugada, en que suele apuntar el alba. Solía la noche medirse por el cantar de los gallos: los primeros eran a la medianoche; los segundos, en la madrugada, y los terceros, ya entrada la mañana. El juglar solo menciona los segundos gallos. (Véase el verso 3 de la serie 94, y recuérdense el 4 de la serie 14 y el 23 de la 18.)

»las estrellas y la luna y el sol para calentar,
»y te encarnaste en el seno de una madre virginal
»y que naciste en Belén, según fue tu voluntad,
»donde te glorificaron pastores en su cantar,
»y tres reyes de la Arabia te vinieron a adorar,
»que se llamaron Melchor y Gaspar y Baltasar [74],
»para ofrecerte oro y mirra con toda su voluntad;
»tú que a Jonás lo salvaste cuando se cayó en el mar,
»y a Daniel de los leones también quisiste salvar,
»y salvaste, allá en Roma, lo mismo a san Sebastián,
»salvaste a santa Susana del falsario criminal,
»y por la tierra quisiste treinta y dos años andar
»mostrándonos tus milagros que tanto dieron que hablar;
»hiciste vino del agua y de piedra hiciste pan,
»y resucitaste a Lázaro porque fue tu voluntad,
»y por los judíos malos te dejaste allí apresar
»en el monte, y en el Gólgota te hicieron crucificar,
»y dos ladrones contigo en sendas partes están,
»el uno fue al Paraíso, mas el otro no fue allá;
»y estando en la cruz hiciste un portento sin igual:
»Longinos, que estaba ciego, que no vio la luz jamás,
»dio con su lanza en tu pecho del que sangre hizo brotar
»que por el asta hacia abajo llegó sus manos a untar
»y alzándolas hacia arriba, con ella tocó su faz,
»abrió sus ojos y a todas partes se puso a mirar;
»y en ti creyó desde entonces quedando salvo de mal.
»Del sepulcro a los tres días pudiste resucitar;
»descendiste a los infiernos, como fue tu voluntad,
»y quebrantaste las puertas para los santos sacar.
»Tú, que eres rey de los reyes y eres padre universal,

---

[74] La mención de los reyes magos con sus nombres es, sin duda, una de las primeras que de ellos se hace en la historia de la poesía europea. Estos nombres se generalizaron a fines del siglo XII. También en el *Auto de los reyes magos* se los cita con estos mismos nombres.

»a ti adoro y en ti creo con toda mi voluntad,
»y ruego a san Pedro apóstol que a mí me ayude a implorar
»para que al Cid Campeador Dios le preserve de mal.
»Y como hoy nos separamos, nos volvamos a juntar».
    La oración [75], una vez hecha, la misa acabada está;
salieron todos del templo; prepáranse a cabalgar.
El Cid a doña Jimena un abrazo le fue a dar,
y doña Jimena al Cid la mano le va a besar,
con lágrimas en los ojos, que solo saben llorar.
Y él a las niñas, con pena, tornábalas a mirar:
«Al Señor os encomiendo, al Padre espiritual;
»nos separamos, ¡quién sabe si nos podremos juntar!».
Lloraban todos los ojos; nunca se vio llanto igual [76];
como la uña de la carne así apartándose van.
    Mío Cid con sus vasallos se dispuso a cabalgar;
cuando a caminar comienza, la cabeza vuelve atrás.
A esta sazón, Minaya Álvar Fáñez quiso hablar:
«Cid, en buen hora nacido, ¿vuestro arrojo dónde está?
»Pensemos en nuestra marcha, esto dejémoslo estar.
»Que todos los duelos de hoy en gozos se tornarán;
»y Dios que nos dio las almas, su remedio nos dará».
    Al abad don Sancho torna de nuevo a recomendar
que sirva a doña Jimena y a sus hijas que allí están,
como también a las damas que acompañándolas van
y que sepa que por ello buen galardón obtendrá.
Cuando tornaba don Sancho, Álvar Fáñez le fue a hablar:
«Si veis venir a más gentes buscándonos, buen abad,

[75] Esta larga oración narrativa de Jimena es, en opinión de Ramón Menéndez Pidal, imitación directa de los poemas franceses medievales, y no solo de la *Canción de Roldán*, sino de las posteriores, como *Fierabrás* y otros, donde el tema de la oración está amplificado.
[76] Adviértase cómo el Cid solamente llora ante la emoción de sentimientos familiares, siendo impasible ante los grandes hechos de armas, por trágicos que sean. Esto define la psicología del héroe.

»decid que el rastro nos sigan y emprendan el caminar,
»porque en yermo o en poblado bien nos podrán alcanzar».
   Sueltan entonces las riendas empezando a cabalgar,
que el plazo para salir del reino se acaba ya.
Mío Cid llegó a la noche hasta Espinazo de Can[77].
Muchas gentes, esa noche, se le fueron a juntar.
Otro día, de mañana, comienzan a cabalgar.
Saliendo va de su tierra el Campeador leal;
San Esteban deja a un lado[78], aquella buena ciudad,
y pasa por Alcubilla[79], que de Castilla es fin ya;
la calzada de Quinea[80] íbala ya a traspasar
por Navapalos[81], el río Duero van a atravesar,
hasta Figueruela[82], donde mío Cid mandó posar.
Y de todas partes, gentes acogiéndosele van.

---

[77] Espinazo de Can. Este lugar, citado por el poema, es hoy desconocido. Debió de estar —según Menéndez Pidal— al sur de Silos, en la actual provincia de Burgos. Es nombre topográfico común que toma varias formas y designa siempre una montaña, un cerro o una loma. En Cataluña existe Espinau, y en Portugal, Espinhaço de Cão.

[78] Quiere esto decir que el Cid camina a la izquierda de San Esteban de Gormaz, sobre el río Duero; no que San Esteban esté a la izquierda del caminante.

[79] Alcubilla del Marqués. Al este de San Esteban, última ciudad, a la sazón, del reino de Castilla y límite con los reinos musulmanes, aunque eran tierras que dependían del rey de Castilla también.

[80] La calzada de Quinea. Era la antigua vía romana de Uxana a Termancia, y cuyos restos se pueden ver hoy entre la ciudad de Osma y Tiermes. En la actualidad se llama La Calzada. Como se ve, las antiguas calzadas romanas se seguían usando aún en tiempos del Cid.

[81] La actual población de Navapalos, llamada en el poema Nava de Palos, es hoy una aldea situada a ocho kilómetros de Alcubilla, a la orilla del Duero.

[82] Higueruela es un lugar hoy desconocido.

## 19

*Última noche que el Cid duerme en Castilla.—Un ángel
consuela al desterrado.*

A dormir se echó mío Cid cuando la noche llegó;
sueño tan dulce le vino que enseguida se durmió [83].
Él arcángel san Gabriel se le apareció en visión
y le dijo: «Cabalgad, oh buen Cid Campeador,
»que nunca con tanta suerte cabalgó ningún varón;
»mientras vivas en la tierra os protegerá el Señor».
Cuando se despertó el Cid, la cara se santiguó.

## 20

*El Cid acampa en la frontera de Castilla.*

SE persignaba la cara y a Dios se fue a encomendar [84];
y muy contento se encuentra del sueño que fue a soñar.
Otro día, de mañana, empiezan a cabalgar;
es día postrer del plazo, sabed que no quedan más.
Hacia la sierra de Miedes [85] se marchan a descansar,
al lado diestro de Atienza [86] que es tierra de moros ya.

[83] En estos versos se narra el sueño del Cid, episodio único en todo el poema
en el que se hace intervenir lo sobrenatural, en oposición a las gestas francesas
de la misma época, que tan llenas están de esos recursos épicos. Por este detalle
puede conocerse la diferenciación de ambas épicas medievales.

[84] Este verso está encadenado con el anterior, dando a entender que sigue la
narración, a pesar del cambio de asonante.

[85] La sierra de Miedes es una de las que separan las cuencas del Duero y del
Tajo. En tiempos del destierro del Cid constituía límite de las tierras de Alfonso
VI. Este detalle demuestra la exactitud del conocimiento de la historia y la geo-
grafía que del terreno tenía el juglar, ya que en 1085 el rey castellano, después de
conquistar Toledo, llevó la frontera castellana más al sur.

[86] Este verso ha sido trasladado aquí por Menéndez Pidal, por creerlo más
apropiado en este sitio, ya que en él habla el juglar del castillo de Atienza, que,

## 21

*Recuento de las gentes del Cid.*

Todavía era de día, no se había puesto el sol,
cuando revistar sus gentes ordenó el Campeador:
sin contar a los infantes, que todos valientes son,
contó hasta trescientas lanzas[87], cada cual con su pendón.

## 22

*El Cid entra el reino moro de Toledo, tributario del rey
Alfonso.*

«¡Temprano dad la cebada y Dios os quiera salvar!
»El que quisiere, que coma, y aquel que no, a cabalgar.
»Pasaremos hoy la sierra que muy escabrosa está[88],
»y el reino del rey Alfonso lo dejaremos atrás.
»Después, aquel que nos busque, hallarnos presto podrá.»
    De noche pasan la sierra, la mañana llega ya,
y por la loma hacia abajo empiezan a caminar.
En medio de una montaña[89] maravillosa y selval
hizo acampar mío Cid y a las bestias pienso dar.

al pasar la sierra de Miedes, se deja a la izquierda, y, por consiguiente, a la
diestra queda el que pasa la sierra, desde cuya cumbre se puede ver el célebre
castillo.

    [87] Contar las lanzas por los guerreros que las llevan es usual en el poema,
como se vio en la nota 26.

    [88] La sierra de Miedes estaba a la sazón cubierta de espesos pinares selváti-
cos, por lo que se la consideraba peligrosa. Hoy ha desaparecido de ella toda
vegetación.

    [89] «Montaña» significa aquí bosque, selva, que es el significado que enton-
ces se daba a tal palabra, hoy perdido, para tener tan solo el de lugar elevado.

Díjoles a todos cómo ha pensado trasnochar[90]
y todos, buenos vasallos, lo aceptan de voluntad,
pues lo que manda el señor dispuestos a hacer están.
Antes que la noche llegue comienzan a cabalgar;
lo hace el Cid para que así nadie sepa adónde va.
Toda la noche anduvieron sin pararse a descansar.
Donde dicen Castejón, que en el Henares[91] está,
mío Cid una celada se dispuso a preparar.


23

*Plan de campaña.—Castejón cae en poder del Cid por*
*sorpresa.—Algara contra Alcalá.*

TODA la noche mío Cid se la pasó en la celada,
como así le aconsejó Álvar Fáñez de Minaya:
«¡Cid Campeador, que en buena hora ceñiste la espada!
»Vos con ciento de estos hombres que van en nuestra compaña,
»ya que a Castejón tenemos tendida buena celada,
»quedaos aquí teniendo esas gentes a la zaga[92];
»a mí entregadme doscientos para atacar en vanguardia,
»y con Dios y nuestra suerte haremos buena ganancia».
Dijo el Cid Campeador: «Muy bien hablasteis, Minaya;
»vos con los doscientos hombres marchad, pues, a la vanguardia,
»allá vayan Álvar Álvarez[93] y Salvadórez, sin falta,

[90] «Trasnochar», o sea, caminar de noche. Solía ser un ardid de guerra muy usado en aquel tiempo para que el enemigo no descubriese la ruta seguida. Otras veces se solía viajar de noche por distintas causas, como para evitar los excesivos calores.

[91] El actual Castejón de Henares, a unos cuarenta kilómetros al sur de la sierra de Miedes y a la izquierda del río Henares.

[92] La «algara» y la «zaga» venían a ser la vanguardia y la retaguardia de un ejército de operaciones.

[93] Álvar Álvarez, vasallo y sobrino del Cid, como se justifica en un documento histórico de la época. Álvar Salvadórez era un caballero que salió desterrado de

»también Galindo García[94], que es una aguerrida lanza,
»todos buenos caballeros que acompañen a Minaya.
»Con intrepidez, corred, por miedo no dejéis nada.
»Marchad por Hita hacia abajo, llegando a Guadalajara,
»y hasta la misma Alcalá[95], avancen nuestras vanguardias,
»y de vuestras correrías asegurad las ganancias,
»pues por el miedo a los moros no habéis de dejaros nada.
»Yo, con los cien que me quedan, formaré la retaguardia
»custodiando a Castejón, que un abrigo nos depara.
»Si algún peligro corréis en las puntas de vanguardia,
»enviadme vuestro aviso, puesto que estaré a la zaga.
»Del socorro que os envíe habrá de hablar toda España»[96].

Nombrados son los guerreros que han de formar en vanguardia
y los que con mío Cid quedarán en retaguardia.
Ya se quiebran los albores, va llegando la mañana,
salía ya el sol, ¡oh Dios, y qué hermoso despuntaba!
En Castejón todos ya de la cama se levantan,
abren las puertas y van a sus labores diarias
camino de sus faenas a las tierras de labranza.

---

Castilla con el Cid, al que siempre fue leal, a diferencia de su hermano Gonzalo, que se puso enseguida al lado del rey Alfonso, aun antes del famoso juramento de Santa Gadea. La autenticidad histórica de este personaje se demuestra por la carta de arras de doña Jimena y el Cid, en la que aparece citado.

[94] Galín García, llamado en el poema el *bueno de Aragón*, que figura como vasallo del Cid, y cuya autenticidad histórica se ha podido justificar por un documento aragonés de la época, en el que figura como testigo. Menéndez Pidal ha demostrado que este caballero fue un vasallo de los reyes de Aragón, Sancho Ramírez y Pedro I. Este personaje aragonés nos dice de la participación que el reino aragonés tuvo en la conquista cidiana de Valencia, como empresa nacional. (Véase *Mío Cid el de Valencia*, 1940.)

[95] Hita, Guadalajara y Alcalá son pueblos situados en la cuenca del río Henares, cuyo valle fue conquistado enteramente por las huestes del Cid, que no los sitian ni los toman como a Castejón, sino que tan solo recorren para posesionarse de ellos.

[96] «Toda España» es para el Cid, aquí, el conjunto de todos los reinos cristianos hispánicos, a quienes da el mismo sentido que, como otras veces, al decir «la cristiandad».

Todos salieron, las puertas abiertas se las dejaban,
muy poca gente en el pueblo de Castejón se quedaba;
las gentes por fuera todas se encuentran diseminadas.
El Campeador, entonces, saliose de la emboscada
y rodeó a Castejón que despoblado se hallaba.
Moros y moras que al paso veía, los apresaba,
así como a los ganados que alrededor pasturaban.
Mío Cid Rodrigo Díaz a la puerta se encaraba;
los que allí están, cuando vieron que tanta gente llegaba,
tuvieron miedo y dejaron la puerta desamparada.
Entonces mío Cid Ruy Díaz por la puerta abierta entraba,
en la mano valerosa desnuda lleva la espada,
dando muerte a quince moros de cuantos al paso hallara.
Así Castejón ganó con todo el oro y la plata.
Ya llegan sus caballeros cargados con la ganancia,
y lo dan a mío Cid que no lo apreciaba en nada.

   He aquí los doscientos tres hombres que van en vanguardia,
que por la tierra se extienden corriéndola y saqueándola
hasta llevar a Alcalá la señera de Minaya,
y desde allí, otros regresan cargados con la ganancia,
por el Henares arriba buscando a Guadalajara.
De la correría traen muy abundantes ganancias,
   muchos ganados de ovejas así como muchas vacas;
   también traen muchas ropas y otras riquezas sin tasa.
   Enarbolada a los vientos va la enseña de Minaya;
   sin que ninguno se atreva a atacarlos por la espalda.
   Con el cobrado botín tornaban los de vanguardia,
   helos allá en Castejón, donde mío Cid estaba.
El castillo custodiado dejó, y a esperarlos marcha
rodeado de las gentes que componen su mesnada,
y con los brazos abiertos va a recibir a Minaya:
«¿Venís [97] aquí ya, Álvar Fáñez el de la valiente lanza?

[97]   «¿Venís?» Interrogación de saludo, usual en la Edad Media, ya empleada
en otros muchos casos. (Nota 57.)

»Cuando os envié, bien puse en vos toda mi esperanza.
»Vuestro botín con el mío juntemos, de la ganancia [98]
»os daré la quinta parte, si así lo queréis, Minaya».


### 24

*Minaya no acepta parte alguna en el botín y hace un*
*voto solemne.*

«MUCHO os lo agradezco, Cid Campeador afamado.
»De este quinto que me dais en el botín alcanzado,
»bien pagado quedaría hasta Alfonso el castellano.
»Mas yo admitirlo no quiero y los dos en paz quedamos.
»Desde aquí yo lo prometo a Dios que está allá en lo alto,
»que hasta que yo no me harte, montando en mi buen caballo,
»de luchar contra los moros y vencerlos en el campo,
»bien empleando la lanza o con la espada en la mano
»y no vea chorrear sangre por mi codo abajo,
»ante vos, Rodrigo Díaz, luchador tan afamado,
»no habré de aceptar de vos ni un solo dinero malo.
»Pues por mí lo he de tomar si creo que gano algo [99];
»mientras, todo lo de ahora yo lo dejo en vuestras manos.»

[98] Según la costumbre medieval, establecida luego en el *Fuero de Cuenca*, los que formaban en vanguardia debían cobrar como botín el quinto de cuanto ganasen en ella. Aquí el Cid, generosamente, ofrece a Minaya, además, el quinto de lo ganado en Castejón, que era lo que le correspondía a él como capitán de la retaguardia.

[99] Aquí Minaya no acepta el ofrecimiento del Cid, no por orgullo, sino por creer que no tiene valor suficiente su acción, haciendo el voto solemne de no aceptar nada hasta que a su propio juicio no estime digna de tal recompensa su actuación guerrera. Mientras tanto, deja en mano de su señor todo cuanto pueda ganar o corresponderle en el botín de las batallas.

25

*El Cid vende su quinto a los moros.—No quiere lidiar*
*con el rey Alfonso.*

LAS ganancias adquiridas quedaron allí juntadas.
Diose cuenta mío Cid, que en buen hora ciñó espada,
que del rey Alfonso pronto llegaría gente armada
que le buscaría daño para él y sus mesnadas.
Mandó repartir el Cid todo aquel botín, sin falta,
y ordenó a sus quiñoneros [100] que a todos diesen la carta.
Sus caballeros comienzan a cobrar ya su soldada,
y a cada uno de ellos tocan cien marcos de plata
y a los peones les toca de ello la mitad exacta;
la quinta parte [101] tan solo a mío Cid le quedaba.
Aquí no puede venderla a nadie ni regalarla;
ni cautivos ni cautivas quiso llevarse en compaña.
Habló a los de Castejón y envió a Guadalajara
y a Hita para saber por cuánto se la compraban,
aunque por lo que le diesen [102] alcanzasen gran ganancia.
Ofreciéronle los moros sus tres mil marcos de plata.
Plugo a mío Cid la oferta que los moros le enviaban,
y al tercer día le dieron lo ofrecido al Cid, sin falta.
Pensó entonces mío Cid que ni él ni sus mesnadas

---

[100] Quiñoneros, repartidores del botín de guerra, a quienes ordena el Cid que entreguen a los caballeros las partes correspondientes del botín mediante carta, esto es, de un modo escrito, en forma de recibo.

[101] La quinta parte, esto es, el quinto, como se solía llamar vulgarmente, era el botín correspondiente al jefe que dirigía la operación militar, según costumbre castrense tomada de los árabes.

[102] Esto es, «aunque le ofrecieran muy poco». En realidad, el Cid nada podía hacer con la plaza de Castejón, que le urge realizar en dinero para poder pagar a sus huestes. La quinta del Cid, en vez de los tres mil marcos que le pagaron por la plaza de Castejón, debía valer más de once mil, a juzgar por lo que se dice en los versos 4 de la serie 21; 8 y 9 de la serie 25, y 10 de la serie 34, según la deducción de Menéndez Pidal.

en castillo tan pequeño podían tener morada,
y que si lo defendían se quedarían sin agua.
«Los moros ya están en paz y ya selladas las cartas [103],
»a buscarnos vendrá el rey Alfonso con su mesnada.
»Dejar quiero a Castejón, oídme todos, Minaya.»


26


*El Cid marcha a tierras de Zaragoza, dependientes del
rey moro de Valencia.*


«Esto que a deciros voy no habréis de tenerlo a mal:
»en Castejón por más tiempo no nos podemos quedar;
»que está cerca el rey Alfonso y a buscarnos nos vendrá.
»Mas el castillo no quiero derribarlo, lo he de dar
»a cien moros y a cien moras que dejaré en libertad,
»y así por lo que les tomo no podrán de mí hablar mal.
»Todos habéis ya cobrado, nadie queda por cobrar.
»Mañana al amanecer, otra vez a cabalgar,
»que con Alfonso, mi rey, yo no quisiera luchar.»
Cuanto dijo mío Cid a todos les plugo asaz.
Del castillo que tomaron todos muy ricos se van,
y los moros y las moras ya bendiciéndolo están.

---

[103] Este verso y los dos siguientes pueden parecer oscuros, pero cuyo conteni-
do ha sido desentrañado por Menéndez Pidal, quien observa que, según la *Tercera
Crónica General*, el rey Alfonso VI solía exagerar su protección a los moros some-
tidos, hasta el extremo de castigar a los caballeros que los atacaban. Sabiendo el
Cid que los moros de Castejón estaban sometidos al rey de Castilla, podía este, al
saberlo, ir contra el Cid, que dio la batalla a los citados moros. El Campeador
dice que sabe que tenían firmadas las «cartas», esto es: escritos sus pactos con el
rey, y por esto teme enfrentarse con las fuerzas del soberano de Castilla, no por
temerlo, sino por no querer luchar con su señor, como dice en el verso 9 de la serie
26, «con Alfonso, mi rey, yo no quisiera luchar». Al rey suyo jamás dejará de ser-
vir, como dice el Cid en este verso: «y que siempre ha de servirle mientras aliente
en él alma» (que es el último de la serie 96).

Márchanse Henares arriba, cuanto pueden caminar,
las Alcarrias [104] han pasado y más adelante van,
y por las Cuevas de Anguita [105] van pasando más allá,
y atravesando las aguas van al campo de Taranz [106],
por esas tierras abajo cuanto pueden caminar.
Entre Ariza y Cetina [107] mío Cid se va a albergar.
Grandes ganancias tomaba por las tierras donde va,
no pueden saber los moros la intención que llevará.
Otro día, levantose mío Cid el de Vivar
y pasó Alhama [108], la Hoz y hacia más abajo va,
pasó Bubierca y Ateca [109] que más adelante están,
y sobre Alcocer [110], el Cid Rodrigo fue a descansar
en un otero redondo, en donde ordenó acampar;
cerca está el Jalón, y el agua no les podían quitar.
Mío Cid Rodrigo así a Alcocer piensa ganar.


## 27

*El Cid acampa sobre Alcocer.*

BIEN puebla todo el otero y allí las tiendas levanta
las unas contra la sierra, las otras contra las aguas.

[104] Las Alcarrias, extenso territorio que se extiende por la actual provincia de Guadalajara en su mayor parte. Alcarria, del árabe al caria, que quiere decir aldea.

[105] Anguita existe actualmente sobre el río Tajuña, al este de Sigüenza.

[106] El campo de Taranz está en la meseta que divide las vertientes del Tajuña y el Jalón, en los linderos de las actuales provincias de Soria y Guadalajara.

[107] Ariza y Cetina son dos poblaciones sobre el río Jalón en la actual provincia de Zaragoza.

[108] Alhama, pueblo sobre el río Jalón, distante de Cetina seis kilómetros. La Hoz; así debió llamarse algún poblado, hoy desaparecido, situado en alguna hoz del río, de la que tomaría nombre.

[109] Bubierca y Ateca, actuales pueblos en la ribera del Jalón, a cinco y once kilómetros de Alhama, respectivamente.

[110] Alcocer, poblado, hoy desaparecido, que debió de estar al lado izquierdo del Jalón, pasando Ateca y antes de llegar a Calatayud, aunque sí se consigna en las *Crónicas*.

El buen Cid Campeador, que en buen hora ciñó espada,
alrededor del otero y muy cerca ya del agua,
a todos sus mesnaderos mandó cavar una cárcava [111]
para que de día o noche no les hiciesen celada
y que supiesen que el Cid con los suyos allí estaba.


28

*Temor de los moros.*

Por todas aquellas tierras va la noticia volando
de que el Cid Campeador allí habíase acampado;
que llegó a tierra de moros y dejó la de cristianos;
los campos de alrededor no se atreven a labrarlos.
Alegrándose va el Cid lo mismo que sus vasallos;
el castillo de Alcocer lo harán pronto tributario.


29

*El Campeador toma a Alcocer mediante un ardid.*

Los de Alcocer, a mío Cid ya le pagaban las parias
y los de Ateca y Terrer [112] también ya se las pagaban;
a los de Calatayud [113] sabed que esto les pesaba.

[111] El establecer el campamento allí tenía por objeto acampar para preparar el ataque a Alcocer; lo rodea de un foso o cárcava, tanto para la defensa como para imponer con ello miedo a los moros sitiados. Así se desprende de la lectura de estos versos.

[112] Ateca y Terrer, poblaciones árabes tributarias del Cid. Actualmente son dos pueblos de la provincia de Zaragoza al margen del Jalón, distantes entre sí siete kilómetros. Entre ellos debió de estar el desaparecido castillo de Alcocer.

[113] Calatayud dista unos seis kilómetros de Terrer. No consta en el poema que Calatayud llegase a ser tributaria del Cid, sino tan solo que sus habitantes estaban atemorizados por la presencia del caudillo castellano.

Allí estuvo mío Cid cumplidas quince semanas.
Cuando vio el Campeador que Alcocer no se entregaba,
intentó un ardid de guerra que practicó sin tardanza:
dejó una tienda tan solo, mandó las otras quitarlas
y se fue Jalón abajo con la enseña desplegada,
con las lorigas [114] vestidas y ceñidas las espadas
para con esa cautela prepararles la celada.
Viéndolo los de Alcocer, ¡Dios, y cómo se alegraban!
«A las tropas de mío Cid falta el pan y la cebada.
»Todas las tiendas se llevan; una sola queda alzada.
»Cual si huyese a la derrota, el Cid a escape se marcha;
»si le asaltamos ahora, haremos grande ganancia,
»antes que los de Terrer, pudieran reconquistarla,
»y si ellos antes la toman no habrían de darnos nada;
»las parias que él ha cobrado nos devolverá dobladas.»
Saliéronse de Alcocer con precipitada marcha.
El Cid, cuando los vio fuera, salió como a desbandada.
Y por el Jalón abajo con los suyos cabalgaba.
Decían los de Alcocer: «¡Ya se nos va la ganancia!».
Y los grandes y los chicos a salir se apresuraban,
y tan gran codicia tienen que otra cosa no pensaban,
dejando abiertas las puertas, por ninguno custodiadas.
El buen Cid Campeador hacia atrás volvió la cara;
vio que entre ellos y el castillo quedaba mucha distancia,
manda volver la bandera y aguijar también les manda:
«Heridlos, mis caballeros, sin temor, con vuestras lanzas,
»que con la merced de Dios nuestra será la ganancia!».
Revueltos andan con ellos por toda aquella llanada.
¡Dios, y qué grande fue el gozo de todos esa mañana!
Mío Cid con Álvar Fáñez delante de todos marchan,
tienen muy buenos caballos y a su antojo galopaban;

---

[114] Loriga era una especie de túnica tejida de mallas férreas o hecha de cuero con escamas o anillos cosidos encima. A veces solía tener hasta tres dobleces para intensificar su resistencia, como se dice en el verso 130 de la serie 150.

entre ellos y el castillo acortando la distancia.
Y los del Cid, sin piedad, a los moros atacaban,
y en un reducido espacio a trescientos moros matan.
Dando grandes alaridos los que había en la celada,
hacia adelante salían junto al castillo llegaban,
y con las armas desnudas a la puerta se paraban.
Pronto llegaron los suyos y se ganó la batalla.
El Cid conquistó el castillo de Alcocer por esta maña [115].

## 30

*La enseña del Cid ondea sobre Alcocer.*

PERO Bermúdez [116] llegó con la bandera en la mano,
y la plantó en el castillo conquistado, en lo más alto.
Habló mío Cid Ruy Díaz, el caballero esforzado:
«Gracias a Dios de los cielos, gracias a todos sus santos
»alojaremos mejor a jinetes y a caballos».

[115] Esta narración puede parecer algo confusa. Por el verso se puede deducir que el Cid fingió una huida, dejando parte de su gente en la celada, para cortar la retirada a los de Alcocer, como ayuda a comprender el verso 9 de la serie 32.

[116] Pero Bermúdez, el Per Vermudoz del poema, era el pariente más joven del Cid que lo acompañaba en el destierro. Tiene el cargo de alférez o portaestandarte de la hueste cidiana. Su carácter queda bien retratado en los versos del *Cantar* al presentarlo tan audaz en la guerra, llevado de su ímpetu juvenil, como remiso en el hablar, por causa de su tartamudez. Su autenticidad histórica ha sido probada documentalmente, identificándolo como personaje de la corte de Sancho II, en la que tuvo el cargo de potestad, así como en la de Alfonso VI, por los años 1069 y 1085.

## 31

*Clemencia del Cid con los moros.*

«OÍDME, pues, Álvar Fáñez y todos los caballeros:
»al tomar este castillo grande botín hemos hecho;
»los moros muertos están, muy pocos con vida veo.
»Estos moros y estas moras venderlos no los podremos;
»con degollarlos a todos poca cosa ganaremos;
»mas ya que los dueños somos [117], acojámoslos adentro;
»viviremos en sus casas y de ellos nos serviremos».

## 32

*El rey de Valencia quiere recobrar a Alcocer. Envía un
ejército contra el Cid.*

MÍO Cid con la ganancia hecha, en Alcocer está;
hizo enviar por la tienda que plantada dejó allá.
Mucho pesa a los de Ateca y a los de Terrer aún más,
y a los de Calatayud [118], sabed, pesándoles va.
Al rey de Valencia, quieren sus mensajes enviar,
que uno que llaman mío Cid, Ruy Díaz de Vivar,
«enojado el rey Alfonso, de su tierra echado está,
»y fue a acampar a Alcocer, bien defendido lugar.

[117] En este verso se alude al derecho del conquistador sobre vidas y haciendas de los vencidos. No obstante, el Cid es compasivo y no se ensaña con sus enemigos. Solo determina dejar las tiendas del campamento para instalarse en las casas de la ciudad, reduciendo a servidumbre a sus moradores.

[118] Los moros de Ateca, Terrer y Calatayud, atemorizados por la conquista de Alcocer, envían mensajes al rey moro de Valencia pidiéndole ayuda, planteándole la grave situación que las rápidas conquistas del Cid podía llevar a las tierras musulmanas.

»al que tendiendo celada, logró el castillo ganar;
»y si no se les ayuda, Ateca y Terrer caerán,
»perderá a Calatayud, que no se podrá salvar,
»por la orilla del Jalón todo habrá de seguir mal,
»y al otro lado, Jiloca lo mismo se perderá».
Cuando lo oyó el rey Tamín [119] sintió de veras pesar:
«Tres buenos emires [120] veo que en rededor de mí están;
»dos de ellos, sin demorarlo, habrán de irse hacia allá
»con tres mil moros armados con armas de pelear.
»Los que hubiese en la frontera de refuerzo os servirán;
»prended vivo a ese cristiano y conducídmelo acá;
»ya que se metió en mi tierra [121], tributo me habrá de dar».
Los tres mil moros cabalgan, su paso aceleran ya,
y aquella noche en Segorbe llegaron a descansar [122].
A la mañana siguiente emprenden su cabalgar
y por la noche llegaron hasta Cella [123] a pernoctar.
A los que hay en la frontera los envían a llamar;
no se detienen y vense de todas partes llegar.
Salieron, después, de Cella la que llaman de Canal,

[119] Este personaje del poema es del todo imaginario. No existió nunca un rey árabe de Valencia con el nombre de Tamín. El que a la sazón lo era del reino valenciano se llamaba Abu-Bécquer-ben-Abdeláziz. Además, otro detalle que justifica la inexactitud del episodio es el que apunta Menéndez Pidal al decir que Calatayud no perteneció nunca a Valencia, sino al reino moro de Zaragoza.

[120] En este verso se habla de tres reyes moros que no son, a todas luces, tales soberanos, sino simplemente emires o caudillos militares árabes, y así lo hemos interpretado.

[121] Las tierras de Calatayud no pertenecieron nunca al reino moro de Valencia, sino al rey Al-Mostaín, de Zaragoza, como dice la *Historia latina del Cid*.

[122] El camino que sigue esa expedición de ayuda del rey Tamín es el de la antigua vía romana, que unía Sagunto con Calatayud. La actual carretera sigue esa misma trayectoria. Segorbe, la antigua Segóbriga, era lugar de jornada entre Valencia y Teruel. Puede —y solía— hacerse este camino en un día. La actual ciudad de Segorbe (en la provincia de Castellón) está a 34 kilómetros de Sagunto y a 59 de Valencia.

[123] Cella, llamada Çelfa en el poema, está a tres leguas de Teruel. Que por allí pasaba la antigua vía romana lo prueban las ruinas que aún se conservan.

anduvieron todo el día sin pararse a descansar,
y a Calatayud llegaron, por la noche, a reposar.
Por todas aquellas tierras hacen pregones lanzar,
y gentes de todas partes se les vienen a juntar.
Los emires Galve y Hariz [124], que al frente de todos van,
al buen Cid Campeador a Alcocer van a cercar.

### 33

*Hariz y Galve cercan al Cid en Alcocer.*

PLANTAN las tiendas en tierra preparando la campaña;
sus fuerzas van aumentando, ya tienen gente sobrada.
Los centinelas que ponen los moros, ya se destacan,
y ni de noche ni de día se desnudan de sus armas;
muchos son los centinelas y mucha la gente armada.
A mío Cid y a los suyos logran cortarles el agua [125].
Las mesnadas de mío Cid quieren presentar batalla;
el que en buen hora nació firmemente lo vedaba.
Así tuvieron cercado al Cid más de tres semanas.

### 34

*Consejo del Cid con los suyos.—Preparativos secretos.—*
*El Cid sale a batalla campal contra Hariz y Galve.—Pero*
*Bermúdez hiere los primeros golpes.*

AL cabo de tres semanas, cuando la cuarta va a entrar,
mío Cid con sus guerreros consejo va a celebrar:

---

[124] Los emires —revés en el poema— Galve y Hariz son completamente imaginarios.

[125] Cortar el agua era una de las prevenciones guerreras más usadas en el sitio de una plaza, a fin de obligar a rendirse a los sitiados.

«El agua nos han quitado, nos puede faltar el pan,
»escaparnos por la noche no nos lo consentirán;
»muy grandes sus fuerzas son para con ellas luchar;
»decidme, pues, caballeros, qué resolución tomar».
Habló primero Minaya, caballero de fiar:
«De Castilla la gentil nos desterraron acá;
»si con moros no luchamos, no ganaremos el pan.
»Bien llegamos a seiscientos, y acaso seamos más;
»en nombre del Creador, ya no podemos optar;
»presentémosles batalla mañana al alborear».
Díjole el Campeador: «Así quiero oírte hablar;
»así te honras, Minaya, como era de esperar».
A los moros y a las moras los manda desalojar,
para que ninguno sepa lo que en secreto va a hablar.
Durante el día y la noche comienzan a preparar
la salida; al otro día, cuando el sol quiere apuntar,
armado está mío Cid y cuantos con él están;
y así comenzó a decir, como ahora oiréis contar:
«Salgamos todos afuera, nadie aquí debe quedar;
»sino solo dos peones que la puerta han de guardar:
»si morimos en el campo, aquí ya nos entrarán;
»si ganamos la batalla, mucho habremos de ganar.
»Y vos, buen Pero Bermúdez, la enseña mía tomad,
»que como sois bravo la guardaréis con lealtad,
»pero no os adelantéis si no me lo oís mandar».
Al Cid le besó la mano y la enseña fue a tomar.
Abren las puertas y fuera del castillo salen ya.
Viéronlo los centinelas y hacia sus huestes se van.
¡Qué prisa se dan los moros! Van las armas a empuñar;
el ruido de los tambores [126] la tierra quiere quebrar;
 vierais armarse a los moros para pronto pelear.

---

[126] El ruido de los tambores parece cosa enorme a los cristianos, que no cono-
cían estos instrumentos en empleo de guerra, de igual manera que maravillaba
a los árabes el uso de las campanas cristianas.

Al frente de todos ellos dos enseñas grandes van [127],
y los pendones mezclados, ¿quién los podría contar?
Los pelotones de moros su avance comienzan ya
para llegar frente al Cid y a los suyos atacar.
«Quietas, mesnadas, les dice el Cid, en este lugar,
»no se separe ninguno hasta oírmelo mandar.»
Aquel buen Pero Bermúdez ya no se puede aguantar;
la enseña lleva en la mano y comienza a espolear:
«¡Que Dios creador nos valga, Cid Campeador leal!
»En medio del enemigo voy vuestra enseña a clavar;
»los que a ella están obligados ya me la defenderán».
Díjole el Campeador: «¡No lo hagáis, por caridad!».
Repuso Pero Bermúdez: «Dejar de ser no podrá».
Espoleó su caballo y a los moros fue a buscar.
Ya los moros esperaban para la enseña ganar;
y aunque le dan grandes golpes no lo pueden derribar.
Y así dijo mío Cid: «¡Valedlo, por caridad!».


35

*Los del Cid acometen para socorrer a Pero Bermúdez.*

E MBRAZAN ya los escudos delante del corazón [128],
bajan las lanzas en ristre envueltas con el pendón [129],
inclinan todos las caras por encima del arzón
y arrancan a combatir con ardido corazón.
A grandes voces les dice el que en buen hora nació:

[127] Las dos enseñas caudales de que habla este verso son las de los dos cuerpos de ejército de Hariz y Galve; los pendones mezclados son los de los pueblos que ayudaban a la expedición árabe, según la *Primera crónica.*
[128] El juglar estereotipa esta fórmula de guerra para describir el comienzo de las batallas, que repite después en los versos 112 y 115 de la serie 150.
[129] Para entrar en batalla arrollaban la tela de los pendones al astil de la lanza, a fin de arremeter más desembarazadamente.

«¡Heridlos, mis caballeros, por amor del Creador! [130]
»Yo soy Ruy Díaz, el Cid de Vivar Campeador».
Todos van sobre la fila donde Bermúdez entró.
Trescientas lanzas serían, todas llevaban pendón [131];
cada jinete cristiano a otro moro derribó,
y a la vuelta [132] otros trescientos muertos en el campo son.

## 36

*Destrozan las haces enemigas.*

VIERAIS allí tantas lanzas todas subir y bajar,
y vierais tantas adargas horadar y traspasar:
tantas lorigas romperse y sus mallas quebrantar
y tantos pendones blancos rojos de sangre quedar,
y tantos buenos caballos sin sus jinetes marchar.
A Mahoma y a Santiago unos y otros claman ya [133].
Y por los campos caían tendidos en el lugar
de la batalla los moros, unos mil trescientos ya.

[130] Era costumbre muy usual que el caudillo gritase su nombre para esforzar a sus caballeros en las constantes arengas que les dirigía al iniciarse la batalla, así como en los momentos decisivos de ella. Ello venía a ser como un grito de guerra

[131] Véanse las notas 26 y 87.

[132] Se refiere a la llamada «carga de tornada», que consistía en la ofensiva o avance a través de las filas enemigas, a todo correr de los caballos, hiriendo hasta traspasarlas del todo, y volviendo inmediatamente para comenzarla en sentido contrario, causando idéntico estrago.

[133] Los moros gritaban en las batallas invocando a Mahoma como al enviado de Alá. Los cristianos acostumbraban invocar a Santiago, desde su aparición en la batalla de Clavijo, según dice el arzobispo don Rodrigo, de Toledo, usando como grito de guerra el «¡Dios ayuda y Santiago!».

37

*Mención de los principales caballeros cristianos.*

¡QUÉ bien estaba luchando sobre su exornado arzón,
mío Cid Rodrigo Díaz, ese buen Campeador!
Con él Minaya Álvar Fáñez, el que Zorita mandó [134],
el buen Martín Antolínez, aquel burgalés de pro;
Muño Gustioz [135], que del Cid fuera el criado mejor;
Martín Muñoz [136], el que un día mandara en Montemayor.
Álvar Salvadórez y también Álvar Alvaroz,
y el buen Galindo García, caballero de Aragón;
y Félez Muñoz [137] sobrino de mío Cid Campeador.
Además de los citados todos cuantos allí son
van a socorrer la enseña y a mío Cid Campeador.

• Mención de los principales caballeros cristianos
• Es un listo de personales importantes

38

*Minaya en peligro.—El Cid hiere a Hariz.*

AL buen Minaya Álvar Fáñez le mataron el caballo
y en su ayuda corren prestas las mesnadas de cristianos.

---

[134] Recuérdese que Álvar Fáñez fue, en realidad, señor territorial de Zorita, como se atestigua por documentos históricos de 1097 y 1107.

[135] Muño Gustioz fue vasallo del Cid, «criado» en su casa, esto es: que desde niño estuvo al servicio del Campeador. Su nombre aparece en documentos históricos como cuñado de doña Jimena, a la que acompañó, durante su viudez, en el monasterio de Cardeña, en 1113.

[136] Martín Muñoz, caballero del Cid, que en realidad gobernó Montemayor con el título de alguacil, pasando después a ocupar el condado de Coimbra por gracia de Alfonso VI. Ejerció dicho cargo de 1091 a 1094. Parece que no salió de Castilla con el Cid, sino que se le unió después, una vez rota su amistad con el rey Alfonso.

[137] Félez Muñoz, vasallo y sobrino del Cid, quien le encarga de los cometidos familiares, como el de acompañar a sus hijas cuando parten para las tierras de Carrión. Históricamente no se le ha podido identificar todavía como personaje real de la hueste del Cid.

La lanza quebrada tiene y a la espada metió mano,
y aunque a pie lucha Minaya certeros golpes va dando.
Violo mío Cid Ruy Díaz de Vivar el castellano
y acercose a un alguacil [138], que tenía buen caballo,
y diole un tajo de espada certero con diestro brazo
que le cortó por el talle y echolo en medio del campo.
Y al buen Minaya Álvar Fáñez le fue a ofrecer el caballo:
«Cabalgad, Minaya, en él ya que sois mi diestro brazo.
»Hoy de todo vuestro esfuerzo me encuentro necesitado;
»muy firmes están los moros, aun no me dejan el campo,
»y es menester que, al final, firmes los acometamos».
Cabalgó, entonces, Minaya ya con la espada en la mano,
por entre las fuerzas moras fuertemente peleando.
A los que logra alcanzar, la vida les va quitando.
Mío Cid Rodrigo Díaz Campeador bienhadado
al emir Hariz tres golpes con su mandoble le ha dado,
le fallan los dos primeros, solo el tercero ha acertado
y por la loriga abajo la sangre va chorreando;
el emir volvió la rienda para escaparse del campo.
Y por aquel golpe el Cid la victoria hubo alcanzado.

39

*Galib herido y los moros derrotados.*

E L buen Martín Antolínez tan gran tajo dio a Galve
que los carbunclos del yelmo [139] dejolos sueltos aparte,
atravesó con la lanza el yelmo y llegó a la carne;
y a recibir otro golpe no se aventuró a esperarse.

[138] La palabra alguacil, aquí, está tomada del árabe *alwazil*, equivalente a visir, y con significado de general o alto mando militar.
[139] Yelmo, especie de casco que solía tener una parte anterior para proteger la nariz, en forma de barra descendente, y que se colocaba encima de la cofia.

Derrotados están ya los jefes Hariz y Galve.
¡Qué buen día fue aquel día para la cristiandad grande
porque los moros huyeron por una y por otra parte!
Los hombres de mío Cid les van siguiendo al alcance,
y el emir Hariz se va a Terrer a refugiarse,
pero a Galve no quisieron en tal pueblo cobijarlo,
y a Calatayud se marcha tan pronto puede escaparse.
Mío Cid Campeador detrás íbale al alcance,
y hasta la misma ciudad persiguiólo sin cansarse.

*Galib herido y los moros derrotados*

40

*Minaya ve cumplido su voto.—Botín de la batalla.—El*
*Cid dispone un presente para el rey.*

AL buen Minaya Álvar Fáñez bueno le salió el [caballo,
y de moros enemigos llegó a matar treinta y cuatro.
Tanto su espada tajó que sangriento lleva el brazo,
y de la muñeca al codo la sangre va chorreando.
Dice Minaya Álvar Fáñez: «Ahora me siento pagado
»porque hacia Castilla irán noticias y comentarios
»de que mío Cid Ruy Díaz campal batalla ha ganado» [140].
    Tantos moros yacen muertos, que pocos vivos quedaron,
y al perseguirlos sin tregua, alcance les fueron dando.
Ya tornan los caballeros de mío Cid bienhadado.
Andaba el Campeador montado en su buen caballo
y con la cofia fruncida [141], ¡oh Dios, y qué bien barbado!,

[140] Con estas palabras, Minaya parece que alude a aquel voto que hiciera de no tomar nada del Cid hasta que, a su juicio, lo ganase batallando. (Versos 1 y 13 de la serie 24.)

[141] Cofia venía a ser una especie de gorro de lino que se colocaba sobre la cabeza para evitar el roce de los cabellos con el almófar o capucha de mallas en que se prolongaba la loriga. La cofia fruncida sobre la cara y el almófar caído dejaban bien al descubierto la barba del caballero. (Véase el verso 81 de la serie 104.)

el almófar en la espalda y con la espada en la mano.
Mirando cómo los suyos a él se iban acercando:
«Agradezco a Dios, decía, aquel que está allá en lo alto,
»que ha hecho que esta batalla hayamos por él ganado».
El campamento enemigo los del Cid han saqueado,
tantos escudos y armas y riqueza han hallado
de los moriscos vencidos, a los que luego tomaron,
además de las riquezas, quinientos y diez caballos.
¡Gran alegría reinaba entre todos los cristianos,
pues de los suyos tan solo quince de menos echaron!
Oro y plata tanta tienen, no saben dónde guardarlo;
enriquecidos se quedan todos aquellos cristianos
con aquel botín tan grande que de la lucha sacaron.
En su castillo, los moros, defendiéndolo, quedaron,
y allí mandó mío Cid que les entregasen algo.
Grande es el gozo del Cid y el de todos sus vasallos.
Repartir manda el dinero y tantos bienes sobrados;
en su quinta parte al Cid le tocaron cien caballos.
¡Dios, y qué bien que pagó mío Cid a sus vasallos,
a los que luchan a pie y a los que van a caballo!
Tan bien lo supo arreglar mío Cid el bienhadado,
que cuantos con él estaban satisfechos se quedaron.
    «¡Oíd, Minaya —le dice— vos que sois mi diestro brazo!,
»de todas estas riquezas que el Creador nos ha dado,
»según vuestro parecer, tomadlas con vuestra mano.
»Enviaros a Castilla quiero con este recado
»de la batalla que aquí a los moros les ganamos.
»Al rey de Castilla, Alfonso, que de allá me ha desterrado,
»quisiera enviarle como presente treinta caballos,
»cada uno con su silla y todos bien embridados,
»llevando sendas espadas de los arzones colgando.»
Dijo Minaya Álvar Fáñez: «Así lo haré de buen grado».

• Minaya ve cumplido su voto
• Botín de la batalla
• El Cid dispone un presente para el rey

## 41

*El Cid cumple su oferta a la catedral de Burgos.*

«HE aquí, mi buen Minaya, el oro y la plata fina;
»con ello habéis de llenar esa alta bota [142] hasta arriba;
»en Santa María de Burgos [143] por mí pagaréis mil misas,
»y aquello que os sobre, dadlo a mi mujer y a mis hijas,
»que rueguen mucho por mí en las noches y en los días;
»que si yo sigo viviendo habrán de ser damas ricas.»

*· El Cid cumple su oferta a la catedral de Burgos*

## 42

*Minaya parte para Castilla.*

CONTENTO estaba Álvar Fáñez con lo que el Cid le ha mandado;
los que con él han de irse estaban ya preparados.
Dan la cebada a las bestias cuando la noche va entrando.
El Cid les habla a los suyos, que allí estaban congregados. ·

*› Minaya parte para Castilla*

## 43

*Despedida.*

«¿OS vais, Minaya Álvar Fáñez [144], a Castilla la gentil?
»A todos nuestros amigos muy bien les podéis decir

---

[142]  Aquí alude el Cid al acostumbrado empleo de las botas altas o «huesas» de montar para llevar dinero. Era usual llevar en las botas, aun calzadas, los objetos pequeños de uso cuando se carecía de bolsillos en el traje.

[143]  En Santa María de Burgos el Cid mandó pagar aquellas mil misas que había prometido (según el verso 13 de la serie 12), al salir pobre de Castilla, si alguna vez alcanzaba riqueza.

[144]  Interrogación de despedida, análoga a la de saludo. (Véase la nota 57.)

»que con la ayuda de Dios vencimos en buena lid.
»Tal vez a vuestro regreso aún nos encontréis aquí;
»si no, allá donde supieseis que estamos, allí acudid.
»Con la lanza y con la espada ganaremos el vivir,
»y si en esta tierra pobre no podemos resistir,
»creo yo que nos tendremos al fin que marchar de aquí.»

*Esto tirada es sobre Minaya sale para la castilla*

## 44

*El Cid vende Alcocer a los moros.*

TODO preparado ya al alba partió Minaya;
mío Cid Campeador quedó allí con su mesnada.
Estéril era la tierra sobre la que se acampaban.
Todos los días al Cid Campeador espiaban
los moros de las fronteras con otras gentes extrañas.
Curado ya el emir Hariz, todos de él se aconsejaban.
Entre los moros de Ateca, y los que a Terrer poblaban
y los de Calatayud, ciudad de más importancia,
convienen con mío Cid por escrito, en una carta [145],
que Alcocer le comprarán por tres mil marcos de plata.

*El Cid vende Alcocer a los moros*

## 45

*Venta de Alcocer. (Repetición.)*

MÍO Cid Rodrigo Díaz a Alcocer tiene vendido;
y así pagó a sus vasallos que en la lucha le han seguido.
Lo mismo a los caballeros que a los peones, hizo ricos;

[145] **En una carta**, esto es: por contrato escrito.

ya no queda ni uno pobre de cuantos le hacen servicio.
Aquel que a buen señor sirve, siempre vive en paraíso[146].

• Venta de Alcocer

## 46

*Abandono de Alcocer.—Buenos agüeros.—El Cid se
sienta en el poyo sobre Monreal.*

CUANDO quiso mío Cid el castillo abandonar,
moros y moras cautivos comenzáronse a quejar:
«¿Vaste, mío Cid? ¡Contigo nuestras oraciones van!
»Agradecidos quedamos[147], señor, de tu trato y paz».
Cuando salió de Alcocer mío Cid el de Vivar,
todos los moros y moras comenzaron a llorar.
Con la enseña desplegada el Campeador se va,
y por el Jalón abajo, hacia adelante se van,
mientras camina, las aves, favorables, ve volar[148].
Les plugo a los de Terrer y a los de Calatayud más,
y a los de Alcocer les pesa, que al Cid no querían mal.
Aguijó el Cid su caballo siguiendo su caminar.
hasta acampar en un poyo[149] que está sobre Monreal.
Alto y grande el cerro era tan maravilloso y tan

---

[146] En este verso se incluye un antiguo proverbio que dice: «Quien a buen
señor sirve, buen galardón alcanza», «Quien a buen señor sirve, ese vive en
bienandanza», y tantas otras variantes que expresan la misma idea en forma
distinta.

[147] Aquí insiste el juglar en hacer resaltar el trato humanitario que el Cid da a
los vencidos (como en los versos 12 y 26, de las series 26 y 40, respectivamen-
te), en contraste con la manera con que los vencedores tratan a los vencidos en
las gestas francesas, que llegan a toda suerte de crueldades.

[148] Recuérdese la influencia del vuelo de las aves en la suerte y desgracia de
las empresas emprendidas, según la superstición de la época (nota 24), a la que
el Cid era tan dado, como buen hombre de armas de su tiempo.

[149] En la actualidad existe el poblado llamado El Poyo, a 10 kilómetros de
Monreal del Campo, sobre el río Jiloca, a diecisiete kilómetros de Calatayud, en
la confluencia de las carreteras de Calatayud a Guadalajara, o sea, de los caminos

inexpugnable que no se le podía asaltar.
A la ciudad de Daroca tributo le hizo pagar,
y lo mismo hizo a Molina que del otro lado está,
y la tercera, Teruel, que está del lado de acá;
en su mano tiene el Cid a Cella la del canal [150].

*· Abandono de Alcocer*
*· buenos agüeros*
*· El cid se sienta en el poyo sobre Monreal 47*

*Minaya llega ante el rey.—Este perdona a Minaya,*
*pero no al Cid.*

¡Mío Cid Rodrigo Díaz de Dios alcance la gracia!
A Castilla ya se ha ido Álvar Fáñez de Minaya,
y aquellos treinta caballos al rey se los presentaba,
y al contemplar el presente, así sonrió el monarca:
«¿Quién te ha dado estos caballos, así os valga Dios, Minaya?».
«Mío Cid Rodrigo Díaz que en buen hora ciñó espada;
»aquel a quien desterrasteis y ganó Alcocer por maña,
»por lo que el rey de Valencia un mensaje le enviara;
»ordenó ponerle cerco y le cortasen el agua.
»El Cid salió del castillo, sobre el campo guerreaba,
»y a dos generales moros venció en aquella batalla,
»y abundante fue, señor, de la lucha la ganancia.
»A vos, oh rey respetado, este presente hoy os manda;
»dice que los pies os besa y os besa las manos ambas,

que van a Aragón y Castilla. Domina el actual poblado un alto poyo o cerro que antiguamente se llamó el «Poyo de Mío Cid», como dice el juglar. (Verso 4 de la serie 49.)

[150] Daroca, Molina, Teruel y Cella eran poblaciones árabes del reino musulmán de Zaragoza; Daroca es actualmente de la provincia de Zaragoza: Molina de Aragón, de la de Guadalajara, y Cella, de la de Teruel. No dice el poema que tomara el Cid estas poblaciones, sino tan solo que las hizo sus tributarias. Molina ha de quedar siempre tributaria del Campeador, y su alcaide moro gran amigo del caudillo castellano, como se verá más adelante.

»pidiendo vuestra merced y que el Creador os valga.»
Díjole entonces el rey: «Aún es muy pronto mañana [151]
»para que a un desterrado que del rey perdió la gracia
»vuelva a acogerlo en perdón al cabo de tres semanas [152].
»Pero ya que fue de moros, tomo lo que me regala,
»y me place a mí que el Cid adquiera tantas ganancias.
»Y sobre todo lo dicho, os perdono a vos, Minaya,
»vuestros honores y tierras mando se os sean tornadas [153];
»id y venid desde ahora, podéis contar con mi gracia;
»mas del Cid Campeador [154] aún no puedo decir nada».

*• Minaya llega ante el rey*
*• Esta perdona a Minaya, pero no al Cid*

## 48

*El rey permite a los castellanos irse con el Cid.*

«ADEMÁS de esto, Minaya, quiero decirte algo más [155]:
»y es que, de todos mis reinos, a cuantos quieran marchar
»hombres buenos y valientes a mío Cid ayudar,
»libres los dejo, y prometo sus bienes no confiscar.»

[151] Esto es, «todavía es pronto».
[152] Tres semanas no quiere decir aquí sino que no ha pasado bastante tiempo aún para perdonarlo. Según Menéndez Pidal, habían pasado ya cinco o seis meses desde que comenzó el destierro del Cid de su tierra castellana.
[153] El rey perdona a Minaya, devolviéndole las tierras confiscadas y los honores, esto es, las rentas y el derecho a percibirlas de nuevo. Dale, asimismo, libertad para entrar y salir en territorio castellano, devolviéndole así la gracia real. Según la costumbre medieval, el que recibía la tierra o el honor cobraba las rentas, administraba justicia y tenía que sostener cierto número de caballeros para servir en la guerra al rey durante tres meses al año. (Menéndez Pidal.)
[154] Respecto al Cid, todavía no se atreve a perdonarlo el rey ni a devolverle su gracia. En sucesivas entrevistas con Minaya autorizará la marcha de la familia del Campeador a Valencia y, por fin, concederá el solemne perdón con todos los honores al Campeador. El juglar va haciendo esta gradación en el ánimo del rey para hacer resaltar más el paulatino encumbramiento del héroe.
[155] Parece como que, indeciso el rey, pugna entre perdonar al Cid por sus acciones y mantener la autoridad real. Como no puede inclinarse por lo primero

El buen Minaya Álvar Fáñez las manos le fue a besar:
«Gracias os doy, rey Alfonso, como a señor natural[156];
»esto concedéis ahora, en adelante haréis más;
»daremos gracias a Dios de cuanto vos nos hagáis.»
Díjole el rey: «Álvar Fáñez, dejemos aquesto estar.
»Marchad libre por Castilla, que nadie os prohiba andar,
»y, sin temor a castigo, al Cid bien podéis buscar».

*El rey permite unos castellanos irse con el Cid*

49

*Correrías del Cid desde el Poyo.—Minaya, con doscientos
castellanos, se reúne con el Cid.*

Os quiero contar de aquel que en buen hora ciñó espada[157]:
ya sabéis que sobre el Poyo acampó con sus mesnadas,
y en tanto que el pueblo exista[158], moro o de gente cristiana,
el «Poyo de mío Cid»[159] se le llamará en las cartas.
Estando allí mío Cid muchas tierras saqueaba,
todo el valle del Martín[160] ya le pagaba las parias.
A la misma Zaragoza noticias del Cid llegaban,

sin menoscabo de lo segundo, opta por dar facilidades al héroe para que siga sus
conquistas en tierra de moros y autoriza a que lo sigan quienes quisieran.

[156] Minaya se contenta con lo concedido, y está seguro —tal es la disposición
que observa en el rey— de que pronto ha de perdonar del todo a su señor. Alfonso
VI elude hablar del asunto y ratifica a Álvar Fáñez el perdón que le ha concedido.

[157] Aquí el juglar interrumpe la narración de la embajada de Mi-naya al rey
castellano y reanuda la de las conquistas del Cid; para ello toma el juglar directa-
mente la palabra y habla en primera persona, dirigiéndose al público, según fre-
cuente costumbre juglaresca.

[158] Este verso es una frase adverbial que viene a decir: «mientras el mundo
dure», esto es, siempre; locución usual en la Edad Media.

[159] Por carta, esto es, por escrito. Efectivamente, así se llamó: «El Poyo de
Mío Cid», y así consta en documentos como el *Fuero de Molina*. Actualmente
se ha perdido el sobrenombre, conociéndose simple por El Poyo, poblado a 65
kilómetros al norte de Teruel, y en su provincia. (Véase nota 149.)

[160] Refiérese al valle del río Martín.

esto no agradó a los moros, firmemente les pesaba.
Allí estuvo mío Cid cumplidas quince semanas;
cuando vio que del viaje mucho tardaba Minaya,
con todos sus caballeros de noche emprendió la marcha [161];
dejó el Poyo abandonado y el campamento dejaba,
y más allá de Teruel aún Ruy Díaz pasaba,
llegando al pinar de Tévar, donde detuvo la marcha [162].
Todas las tierras aquellas que corría, sojuzgaba,
y la misma Zaragoza [163] su tributo le pagaba.
Cuando todo aquesto hizo, al cabo de tres semanas,
de Castilla regresó Álvar Fáñez de Minaya
con doscientos caballeros, todos ciñendo su espada,
y no podían contarse los que a pie con él llegaban.
Cuando hubo visto mío Cid aparecer a Minaya,
al correr de su caballo, va a abrazarlo sin tardanza;
en la boca lo besó y en los ojos de la cara [164].
Todo lo cuenta Álvar Fáñez, no quiere ocultarle nada.
Mío Cid Campeador sonriente lo escuchaba:
«Gracias al Dios de los cielos —dice— y a sus fuerzas santas,
»que mientras que vos viváis, a mí me irá bien, Minaya».

*Correrías del Cid desde el Poyo*

*Minaya con doscientos castellanos, se reúne con*

[161]  Esto es: «hizo una trasnochada». Recuérdese lo que se dijo sobre estas marchas militares nocturnas. (Véase la nota 90, el verso 10 de la serie 22.)

[162]  Aquí indica que se desvía el Cid del camino normal de Calatayud a Sagunto (Murviedro en el poema), pasando por Teruel, ya que va a buscar el pinar de Tévar para acampar en él. Este pinar estaba en la confluencia de los ríos Monroy y Tastavins, en el límite de las actuales provincias de Tarragona y Castellón. El hacer este rodeo, huyendo de acercarse a Sagunto, dejando la cuenca del Turia, pudo ser una táctica militar del Cid, que modernamente se ha repetido en la estrategia de nuestra última guerra civil (1936-1939).

[163]  Zaragoza era aliada del Cid, que, según la historia, estuvo al servicio del rey zaragozano, cosa que el poema silencia, diciendo tan solo que era tributaria del héroe castellano.

[164]  Saludo acostumbrado entre las personas de mucho aprecio.

50

*Alegría de los desterrados al recibir noticias de Castilla.*

¡Dios, y qué alegre se puso la hueste de desterrados,
cuando Minaya Álvar Fáñez de Castilla fue llegado,
trayéndoles las noticias de sus parientes y hermanos
y las compañeras suyas que en Castilla se dejaron!

*· Alegría de los desterrados al recibir noticias de Castilla*

51

*Alegría del Cid. (Serie gemela.)*

¡Dios, y cuán alegre estaba el de la barba vellida [165]
al saber que Álvar Fáñez pagó en Burgos las mil misas,
y de conocer las nuevas de su mujer y sus hijas!
¡Dios, y cómo mío Cid rebosaba de alegría!
«Álvar Fáñez de Minaya, ¡largos sean vuestros días!
»Más valéis vos que yo valgo, ¡qué misión tan bien cumplida!»

*· Alegría del Cid*

52

*El Cid corre tierras de Alcañiz.*

No se retrasó mío Cid Campeador bienhadado;
a doscientos caballeros, escogidos por su mano,
enviolos por la noche a reconocer el campo.
Aquellas tierras estériles de Alcañiz, las han dejado [166],

[165]  Vuelve aquí a emplearse el epíteto épico *barba vellida*, privativo del Cid hasta el punto de sustituir por él el nombre de héroe. (Véase el verso 8 de la serie 16.)
[166]  Nocturnas correrías de los mesnaderos por las tierras cercanas para allegarse abastecimientos durante tres días. Alcañiz, población de la provincia de Teruel, estaba sobre tierras yermas y estériles.

y por los alrededores todo lo van saqueando.
Al tercer día, de vuelta al mismo sitio tornaron.

*• El Cid correr tierras de Alcañiz* (handwritten)

## 53

*Escarmiento de los moros.*

CUNDIÓ presto la noticia por aquellas tierras todas;
ya las gentes de Monzón y Huesca están pesarosas;
pero el que den ya atributo place a los de Zaragoza,
ya que ellos de mío Cid no temen ninguna cosa [167].

*• Escarmiento de los moros* (handwritten)

## 54

*El Cid abandona el Poyo.—Corre tierras amparadas por
el conde de Barcelona.*

CON todas estas ganancias, al campamento se van;
todos estaban alegres porque han hecho buen ganar;
satisfecho está mío Cid, Minaya contento está.
Sonriose el Campeador, al no poderlo evitar:
«Oídme, mis caballeros, voy a decir la verdad:
»quien vive en el mismo sitio sus bienes verá menguar:
»así que al amanecer echemos a cabalgar,
»dejando este campamento y siguiendo más allá».
Entonces se mudó el Cid hacia el puerto de Olocau [168],

[167] Extendida la fama del Cid por todo el reino moro, en Monzón y Huesca
temen ser asaltados por las tropas del Campeador. Aquí se alude al pacto de amis-
tad del rey de Zaragoza con el Cid, del que no tiene, naturalmente, nada que
temer. Monzón es un pueblo con castillo, importante en la Edad Media, al sudes-
te de Huesca: actualmente en la provincia de Zaragoza.

[168] Olocau, la actual Olocau del Rey, población a 15 kilómetros al oeste de
Morella, sobre un macizo montañoso que le da inexpugnabilidad, en el límite
occidental de la provincia de Castellón.

de donde puede marcharse hasta Huesa y Montalbán[169].
En aquella correría diez días gastados han.
Las noticias se esparcían y por todas partes van
de que el que dejó Castilla les va haciendo grande mal.

*· El Cid abandona el poyo*
*· Corre tierras amparadas por el conde de Barcelona*

### 55

*Amenazas del conde de Barcelona.*

SE esparcían las noticias por aquellas tierras todas,
llegando a conocimiento del conde de Barcelona,
de que mío Cid Ruy Díaz corría su tierra toda,
lo que le causa pesar y por ultraje lo toma[170].

*· Amenazas del conde de Barcelona*

### 56

*El Cid trata en vano de calmar al conde.*

EL conde es muy fanfarrón y dijo una vanidad:
«Grandes entuertos me hace mío Cid el de Vivar.
»Hasta dentro de mi corte gran agravio me hizo ya,

---

[169] Huesa y Montalbán, pueblos de la provincia de Teruel, a 65 y 50 kilómetros de Olocau, respectivamente.

[170] El Cid seguía conquistando tierras hasta entrar en las del rey moro de Lérida, que estaban bajo la protección del conde de Barcelona, aunque no eran de su jurisdicción. El conde tomó a afrenta las conquistas del Cid, tan pronto llegaron a su conocimiento. El conde de Barcelona era, a la sazón, Berenguer Ramón II, el *Fratricida*, que, históricamente, y ayudado por el rey moro de Lérida y varios condes catalanes y señores del Rosellón y Carcasona, sitiaron el castillo zaragozano de Almenar, defendido por el Cid, quien los venció, y hasta tuvo al conde de Barcelona y a sus caballeros prisioneros, dejándolos en libertad por dos veces, entre los años 1082 y 1090. Este pasaje histórico había de suministrar asunto al juglar del poema para estos últimos episodios del primer cantar, que se aparta, como puede verse, de la realidad histórica, aunque en ella basa su primer fundamento.

»porque a mi sobrino hirió y no lo quiso enmendar [171].
»Ahora saquea las tierras que bajo mi amparo están;
»yo no lo he desafiado ni le torné mi amistad [172];
»mas como él me provoca, yo se lo iré a demandar».
   Numerosas son las fuerzas que aprisa llegando van,
para perseguir al Cid Ruy Díaz el de Vivar.
Tres días con sus tres noches hubieron de caminar
hasta lograr alcanzarlo de Tévar en el pinar;
tantos son, que con las manos creen que lo cogerán.
   Con las ganancias que lleva mío Cid el de Vivar
desciende de una alta sierra y a un valle llegando va.
De la llegada del conde don Ramón, se entera ya
y le envía este mensaje al que le viene a cercar:
«Decidle al conde que aquesto no debe tomarlo a mal,
»nada llevo de lo suyo [173], déjeme marchar en paz».
El conde así respondió: «Eso no será verdad [174].
»Lo de ahora y lo de antes, todo me lo pagará;
»y ya sabrá el desterrado a quién se atrevió a ultrajar».
Y se tornó el mensajero al más rápido marchar.
Entonces comprende el Cid don Rodrigo el de Vivar
que con el conde no puede la batalla evitar ya.

> El Cid trata en vano de calmar al conde

---

[171] El Cid estuvo, recién desterrado, en Barcelona, según cuenta la *Historia latina del Cid*, hacia 1081. El poema nada dice de ello, pero ahora alude en estos versos a cierta estancia anterior del Cid en Cataluña, y se habla de un agravio, del que se queja el conde, inferido a un sobrino suyo, hecho este no comprobado aún históricamente.

[172] «Le torné mi amistad», lo que supone una amistad preexistente entre los dos.

[173] «Nada llevo de lo suyo», ya que las tierras que conquista el Cid no son ciertamente del conde, sino del rey moro de Lérida, como anteriormente se dice.

[174] «Esto no será verdad», que viene a decir «esto no será así como lo decís», forma empleada también en los versos 15 y 46 de las series 118 y 135, respectivamente.

## 57

*Arenga del Cid a los suyos.*

«Mis caballeros, poned a recaudo las ganancias;
»y guarneceos aprisa con vuestras mejores armas,
»porque el conde don Ramón darnos quiere gran batalla,
»y de moros y cristianos trae gentes muy sobradas.
»y si no nos defendemos podrán vencernos por nada.
»Nos seguirán si marchamos; aquí sea la batalla [175]:
»cinchad fuertes los caballos y vestíos de las armas.
»Ellos vienen cuesta abajo y llevan tan solo calzas,
»van sobre sillas coceras y las cinchas aflojadas;
»nosotros, sillas gallegas y botas sobre las calzas.
»Con solo cien caballeros venceremos sus mesnadas.
»Antes que lleguen al llano, presentémosles las lanzas;
»por cada uno que hiráis tres sillas serán vaciadas.
»Verá Ramón Berenguer [176] a quién quería dar caza
»en los pinares de Tévar por quitarle las ganancias.»

## 58

*El Cid vence la batalla.—Gana la espada Colada.*

Preparados están todos cuando esto el Cid hubo hablado;
las armas bien empuñadas, firmes sobre sus caballos.

[175] El Cid, en su arenga, da orden para la batalla, y, al mismo tiempo, establece el parangón entre los dos ejércitos, haciendo resaltar sagazmente la inferioridad de los adversarios: van cuesta abajo, llevan calzas tan solamente y montan sobre sillas coceras de cinchas flojas, mientras que sus huestes montan sobre sillas gallegas y calzan huesas sobre las calzas, todo lo cual ha de darles ventajas sobre los atacantes. Las sillas coceras eran propias para correr caballos, mas no para la guerra, en la que solían dar mejor resultado las llamadas sillas gallegas o de camino, de las que era más difícil desmontar al jinete.

[176] Llama aquí al conde Ramón Berenguer, cuando el que luchó, históricamente, con el Cid fue Berenguer Ramón II, llamado el *Fratricida*.

Por la cuesta abajo llegan las mesnadas de los francos [177];
en el hondo de la cuesta y muy cerca ya del llano,
ordenó atacar el Cid Campeador, bienhadado;
y así lo cumplen los suyos con voluntad y buen grado,
los pendones y las lanzas tan bien los van empleando,
que a los unos van hiriendo y a los otros derribando [178].
Vencedor en la batalla fue mío Cid bienhadado,
y en ella el conde Ramón por prisionero ha quedado.
Allí ganó la Colada [179] que vale más de mil marcos.

*· El Cid vence la batalla*
*· Gana la espada Colada*

59

*Esto es*
*un pregunta*

*El conde de Barcelona, prisionero, quiere dejarse morir
de hambre.*

GANÓ esta batalla el Cid a gran honra de su barba;
cogió al conde don Ramón y a su tienda lo llevaba,
mandando que le custodien a gentes de confianza,
dentro de su misma tienda en donde preso quedara
y suyos de todas partes a juntársele llegaban.
Contento estaba mío Cid con todas estas ganancias.
A mío Cid don Rodrigo gran comida le preparan,
pero el conde don Ramón no hacía aprecio de nada;

---

[177] Llámase «francos» a los catalanes porque el territorio de Cataluña constituyó una marca o condado del imperio carolingio. Esta denominación continuó empleándose aún en el siglo XII, en que los historiadores siguen llamando «francos» a los catalanes, como puede observarse en las crónicas de la época.

[178] Los del Cid derriban sin esfuerzo y sin herir a los catalanes, porque estos montaban sillas coceras, muy inseguras, en las batallas.

[179] Colada es el nombre de la espada que el Cid cogió al conde de Barcelona. Esta espada, que tuvo el héroe en gran estima, era de gran valor artístico, por lo que el juglar dice que «valdría más de mil marcos». La espada, como arma principal —dice Menéndez Pidal—, era el despojo del vencido más codiciado por el vencedor.

llevábanle los manjares, delante se los dejaban,
él no queria comer y todo lo desdeñaba:
«No he de comer un bocado por cuanto hay en España,
»antes perderé mi cuerpo y condenaré mi alma,
»ya que tales malcalzados [180] me vencieron en batalla».

*El conde de Barcelona, prisionero, quiere dejarse morir de hambre*

60

*El Cid promete al conde la libertad.*

Mío Cid Rodrigo Díaz oiréis lo que le dijo:
«Comed, conde, de este pan; bebed, conde, de este vino,
»que si lo que digo hiciereis dejaréis de estar cautivo;
»si no, en todos vuestros días no veréis cristiano vivo».

*El Cid promete al conde la libertad*
*como pan*
*beben vino*

61

*Negativa del conde.*

«COMED —dice—, don Rodrigo y tranquilo descansad;
»yo he de dejarme morir, pues nada quiero probar.»
Hasta pasados tres días no logran volverlo atrás:
en tanto ellos se reparten lo que lograron ganar,
no pueden hacer que coma ni un mal bocado de pan.

*Negativa del conde*

[180] «Malcalzados», úsalo aquí el conde como insultante, basándose en el mal aspecto que las gentes del Cid producían con aquellas altas huesas de batalla, en contraste con las finas calzas que usaban las tropas catalanas.

## 62

*El Cid reitera al conde su promesa.—Pone en libertad al conde y lo despide.*

DIJO entonces mío Cid: «Comed, conde, comed algo,
»pues si no queréis comer ya no veréis más cristianos,
»y si llegáis a comer de ello quedaré pagado,
»y a vos, conde, como igual a dos de estos hijosdalgo [181],
»os sacaré de prisión y os libraré por mi mano».
Cuando esto el conde oyó su dolor fue mitigando:
«Si así lo cumplierais, Cid, igual que lo habéis hablado,
»en tanto cuanto yo viva quedaré maravillado».
«Pues comed, conde, comed, y cuando hayáis acabado,
»a vos y a dos de los vuestros la libertad he de daros,
»mas de cuanto habéis perdido y yo he ganado en el campo,
»sabed, conde, que no pienso devolveros ni un ochavo,
»que lo necesito para los que vanme acompañando.
»Tomando de vos y de otros así nos vamos cobrando
»en tanto esta vida dure, mientras quiera el Padre santo,
»que eso toca a los que el rey de su tierra ha desterrado.»
Alégrase el conde y pide el agua para las manos,
y enseguida le presentan el servicio demandado.
Con aquellos caballeros que el Cid hubo designado,
comía el conde, y comía ¡oh Dios y de qué buen grado!
Junto a él decía el Cid de Vivar el bienhadado:
«Si bien, conde, no coméis, y quedo de ello pagado,
»aquí los dos quedaremos, no habremos de separarnos».
Dijo el conde: «Comeré, de voluntad y buen grado».
Él y los dos caballeros iban aprisa yantando;
satisfecho queda el Cid, que allí los está mirando,

[181] «Hidalgo» esta tomado aquí en sentido general, como sinónimo de noble, sin especificar la categoría nobiliaria de los que constituían la nobleza en la Edad Media, a saber: ricos hombres, infanzones e hidalgos, que formaban la gradación nobiliaria y sus jerarquías. Los hidalgos eran la categoría inferior.

al ver que el conde Ramón movía aprisa las manos[182].

   «Si vos lo permitís, Cid, ya quisiéramos marcharnos;
»mandad que nos den las bestias y saldremos galopando;
»desde el día que fui conde no comí con tanto agrado;
»el sabor de esta comida jamás habré de olvidarlo.»
   Les dieron tres palafrenes los tres muy bien ensillados,
unas buenas vestiduras, buenas pellizas y mantos.
El conde don Ramón va entre los dos colocado.
«Ya os vais, conde don Ramón, como sois, pues os vais franco[183].
»y yo os quedo agradecido por cuanto me habéis dejado.
»Si os pasare por las mientes, conde, algún día vengarlo,
»si es que venís a buscarme, antes mandadme recado;
»me dejaréis de lo vuestro o de mí os llevaréis algo.»
«Estad tranquilo, mío Cid, que de eso estáis bien a salvo,
»que con cuanto os dejo, queda pagado todo este año;
»y en cuanto a buscaros, Cid, ni siquiera lo he pensado.»

63

*El conde se ausenta receloso.—Riqueza de los desterrados.*

El conde aguijó el caballo disponiéndose a marchar,
volviendo ya la cabeza para mirar hacia atrás.
Miedo tiene porque cree que el Cid se arrepentirá,
lo que no haría el caudillo por cuanto en el mundo hay,
que deslealtad así no habría de hacer jamás.
   El conde ya se ha marchado, y se vuelve el de Vivar;
juntose con sus mesnadas, y se comienza a alegrar
al ver que de aquella acción les tocó ganancia tal;
tan grandes riquezas tienen que ni las saben contar.

---

[182] Esto es, comía aprisa para terminar pronto y recobrar la libertad prometida por el Cid.

[183] Aquí hace el juglar un juego de palabras con el significado de la palabra franco, tomada en su doble acepción de catalán y de libre, exento, sin pagar.

# Cantar segundo

# Bodas de las hijas del Cid

1. ¿Quiénes cercan al Cid?

Los moros de Valencia cercan al Cid.

2. ¿Porqué piensa el Cid que los moros tienen derecho a cercarlo

## 64

*El Cid se dirige contra tierras de Valencia.*

AQUÍ comienza la gesta [184] de mío Cid el de Vivar.
Una vez que hubo acampado en el puerto de Olocau,
dejando ya Zaragoza y aquellas tierras de allá,
dejó atrás Huesa y las tierras que llaman de Montalbán.
Ahora, hacia la mar salada ya comienzan a guerrear;
a oriente donde el sol sale hacia aquella parte irá [185].
El Cid a Jérica y Onda gana, y a Almenara va,
que las tierras de Burriana tiene conquistadas ya [186].

[184] «Aquí comienza la gesta.» Esta frase, que tan diversas interpretaciones
ha tenido, no es sino el principio de la segunda parte del poema, aquella que el
juglar —tan hábil siempre en su menester literario— dedica a la gran empresa
del Cid: la conquista de Valencia, que constituye —paralelamente a la boda de
sus hijas— el nudo de todo el poema. El primer cantar viene a ser como la
exposición del tema, la presentación de personajes y su caracterización. En esta
segunda parte se desarrolla el nudo de la obra, esto es, la verdadera gesta del
Campeador. En la última parte se da solución y desenlace a los problemas que
esta segunda plantea: la justicia a la traición de los infantes y la glorificación del
héroe, que completa el poema, íntegramente desarrollado conforme a un plan
estético y resuelto por el potente temperamento poético que fue el anónimo
juglar autor de nuestro poema.

[185] Vencido ya el conde de Barcelona, puede el Cid asentarse libremente en
tierras del rey moro de Lérida, y así lo hace, con vistas a la conquista de Valencia.
Por eso asienta su campamento en Olocau, que es un buen punto estratégico, desde el
que puede hacer incursiones en la tierra valenciana. Deja, por eso, las tierras del
reino de Zaragoza, y tampoco le importan las ciudades de Huesa y Montalbán. Va a
guerrear «hacia la mar salada», «hacia oriente, donde el sol sale», como dice con
frase poética el juglar.

[186] Jérica, Onda, Almenara y Burriana son poblaciones situadas en la parte
sur de la actual provincia de Castellón. Nótese cómo el juglar —que ha sido tan

## 65

*Toma de Murviedro.*

AYUDOLE el Creador, el señor que está en el cielo.
Y con la ayuda divina pudo tomar a Murviedro [187],
ya ve mío Cid que Dios aún le seguía valiendo.
Mientras, dentro de Valencia era, y no menguado, el miedo.

## 66

*Los moros valencianos cercan al Cid.—Este reúne sus
gentes.—Arenga*

AQUELLO a los de Valencia les ha dado gran pesar [188];
reunidos en consejo, al Cid deciden cercar.

cuidadoso de los detalles topográficos en las correrías anteriores del Cid— se
limita a citar nombres de poblaciones levantinas, sin dar pormenor alguno y aun
en un orden que no concuerda casi nunca con el cronológico de la conquista his-
tórica, y, además, sin tener en cuenta el tiempo que tal conquista invirtió en rea-
lizarse. Primero estuvo en Burriana, hacia el año 1091, que fue, efectivamente,
antes de tomar Almenara; pero la toma de este pueblo no fue sino hacia 1098, es
decir, después de conquistada Valencia. Como se ve, el juglar desconoce la cro-
nología histórica de la ruta del Cid. Claro es que, bajando desde Olocau, es lógi-
co que, pasando por Burriana, se llegue a Almenara, por la costa, antes de llegar
a Valencia, pero el ir a Jérica y Onda —desviándose de ese camino costero—
puede despertar la sospecha de que la operación militar del Cid era envolvente y
no directa.

[187] Murviedro, nombre medieval —que ha durado hasta tiempo reciente—
de la actual ciudad de Sagunto, a 25 kilómetros al norte de Valencia, por la cos-
ta. Tampoco fue conquistada por el Cid sino en el año 1098, después de Valencia.
Como se ve, no da el juglar detalle ni noticia alguna de la tierra de Sagunto —
cuando tantos da de Castejón y otros lugares menos importantes tomados en
Castilla—, confirmando así el desconocimiento que de las tierras valencianas tenía
el autor del poema.

[188] El episodio del cerco de Sagunto es, naturalmente, ficticio, sin realidad
histórica, dada la prelación de la conquista de Valencia.

Toda la noche marcharon; cuando el alba iba a puntar,
en los campos de Murviedro sus tiendas van a plantar.
   Tan pronto los vio mío Cid, se empezó a maravillar:
«¡Alabanza a ti se dé, Señor espiritual!
»Sobre sus tierras estamos, les hacemos todo mal,
»ya bebemos de su vino y comemos de su pan;
»con su derecho lo hacen si nos vienen a cercar.
»Si no entablamos la lucha esto no se arreglará.
»Vayan mensajes a aquellos que nos deben ayudar:
»los unos vayan a Jérica y los otros a Olocau,
»vayan a avisar a Onda y a Almenara vayan ya,
»y los que están en Burriana vénganse luego hacia acá;
»y comenzaremos juntos esta batalla campal;
»yo confío en que el Señor su ayuda me ha de aumentar».
   Al pasar el tercer día, ya todos juntos están;
el que en buen hora nació así les comenzó a hablar:
«¡Oíd, mesnadas, a quien el Señor quiere salvar!
»Después que hubimos salido de la limpia cristiandad [189],
»y no fue por nuestro gusto, sino por no poder más,
»gracias a Dios, nuestras cosas siempre hacia adelante van.
»Ahora los de Valencia nos han venido a cercar;
»si en estas tierras nosotros quisiéramos perdurar,
»a estos moros firmemente habremos de escarmentar».


## 67

*Fin de la arenga del Cid.*

«Cuando ya pase la noche y despunte la mañana,
»aparejados estén los caballos y las armas

---

[189] «Limpia cristiandad», esto es, el conjunto de reinos de cristianos que, unidos por religión, constituían la cristiandad, frente a la morisma, integrada por los pequeños reyes musulmanes.

»para empezar a atacar a las moriscas mesnadas.
»Como hombres desterrados que estamos en tierra extraña,
»allí habrá de verse quién se merece la soldada.»


## 68

*Minaya da el plan de batalla.*—*El Cid vence otra lid
campal.*—*Toma de Cebolla.*

OÍD qué dijo Minaya Álvar Fáñez, al hablar:
«Mío Cid Campeador, hagamos lo que mandáis [190].
»Dadme a mí cien caballeros, que no os quiero pedir más;
»vos con los otros restantes el ataque comenzad.
»Atacadlos sin temor, no tengáis que vacilar,
»que yo, con los otros cien por la otra parte he de estar,
»y como confío en Dios, el campo nuestro será».
Lo que hubo dicho Minaya al Cid plugo de verdad.
Cuando empezó la mañana se comenzaron a armar,
cada uno de ellos sabe su obligación al luchar.
Con el alba, mío Cid el ataque va a empezar.
«¡En nombre del Creador y de Santiago leal [191],
»atacad, mis caballeros, con denuedo y voluntad,
»porque yo soy Ruy Díaz, mío Cid el de Vivar.»
Tantas cuerdas de las tiendas allí vierais estallar,
arrancarse las estacas y los postes derrumbar [192].

---

[190] Aquí se repite la estrategia que, propuesta por Minaya, se llevó a cabo en la conquista de Castejón. Venía a ser ataque combinado de la algara y la zaga al mismo tiempo.

[191] El caudillo, como en otras ocasiones, invoca a Santiago, como era costumbre, y grita su nombre, como solía hacerse en las arengas. (Véase la nota 130, en los versos 6 y 7 de la serie 35.)

[192] Esta descripción del asalto al campamento enemigo es genérica, y el poeta la repite en el verso 18 de la serie 117, nota 339, al describir la batalla con el rey Búcar, lo que confirma, una vez más, la falta de conocimiento directo que el

Pero los moros son muchos y se quieren recobrar.
Por otra parte, Álvar Fáñez veníales a atacar:
mal que les pese a los moros, hubiéronse de entregar
si a uña de sus caballos no lograran escapar.
Mataron a dos emires en la caza que les dan,
y hasta Valencia, siguiéndolos, los cristianos van detrás.
Grandes fueron las ganancias que logró el Cid de Vivar;
y tras saquear el campo, comienzan a regresar,
entrando luego en Murviedro con las ganancias que han;
grande es el gozo que tienen los cristianos del lugar.
Tomaron después Cebolla [193] y cuanto delante hay;
tanto miedo hay en Valencia que no saben lo que harán;
la fama de mío Cid sabed que creciendo va.


## 69

*Correrías del Cid al sur de Valencia.*

TAN grande su fama es que hasta los mares traspasa.
Contento se hallaba el Cid y cuantos lo acompañaban,
porque Dios les ayudó para ganar la batalla.
Enviaba a sus jinetes que por la noche marcharan
hasta llegar a Cullera [194] y luego llegar a Játiva,

---

juglar tenía de la tierra valenciana, cuando prefiere repetir las descripciones a dar peculiaridad a cada una de ellas.

[193] Cebolla es una etimología popular del diminutivo vulgar árabe *jubayla*, que quiere decir montecillo. (Véase Menéndez Pidal.) Con-quistada en el siglo XIII por Jaime I, hizo de este lugar el rey aragonés su cuartel para el ataque a Valencia. El nombre valenciano que tomó fue el Puig, de *podium*, montecillo. Se encuentra a 18 kilómetros al norte de Valencia Según la historia, el Cid conquistó este Puig o Cebolla en 1093, antes que a Valencia, y, por consiguiente, antes que a Sagunto, y no después, como dice el poema.

[194] Cullera, población al sur de Valencia, en la costa mediterránea, que conserva aún ruinas de lo que fue importante castillo, sobre una loma en la desem-

y, marchando más abajo, hasta Denia[195] se acercaran.
Por las orillas del mar a los moros quebrantaban.
Ganaron Benicadell[196] con sus salidas y entradas.

*Correrías del Cid al sur de Valencia*
*¿Que es Játiva o quien es Játiva?*

70

*El Cid en Peña Cadiella.*

CUANDO el Cid Campeador en Benicadell se queda,
tanto les pesara en Játiva como les pesó en Cullera,
y recatar ya su miedo no pueden los de Valencia [197].

*· El Cid en Peña Cadiella*

*· Cid es en Benicadell*

bocadura del río Júcar. Importante posición militar entonces. No dice el juglar
que la tomara el Cid, sino tan solo que a ella llegaron sus tropas en nocturnas
correrías de reconocimiento para preparar el sitio de Valencia. Játiva, la anti-
gua *Saétabis*; *Xátiva*, de los árabes, donde llegaron también las correrías de
los del Cid. Población enclavada en la gran zona valenciana, titulada la Ribera;
es importante nudo de comunicaciones para Castilla, Alicante y el mar.

[195] Denia, la *Dianum* griega, está en la costa mediterránea, donde se cierra el
gran golfo de Valencia. Tenía importante castillo sobre el monte, que le servía de
atalaya sobre el mar. Indica que los del Cid llegaron a entrar en Denia, aunque
no dice que la tomasen.

[196] El Benicadell actual —la Peña Cadiella en el poema—, Penacatel en
la *Historia latina del Cid*, y Peñacadell en varios documentos, es una sierra
que, en el límite de las provincias actuales de Valencia y Alicante, forma
los valles de Albaida, al norte (Va-lencia), y de Cocentaina, al sur (Alicante).
Históricamente, el Cid reedificó el castillo de Benicadell en el año 1092. Su
situación estratégica tenía gran importancia, porque desde allí se dominan los
caminos de Valencia, Játiva, Alcoy, Alicante. La toma de este punto era una
magnífica operación envolvente para lograr el cerco de Valencia.

[197] Ocupando el Cid Benicadell era un constante peligro para Játiva, Cullera
y aun para Valencia.

## 71

*Conquista de toda la región de Valencia.*

Por las tierras de los moros, saqueando y conquistando,
durmiendo durante el día y por las noches marchando[198],
en ganar aquellas villas el Cid empleó tres años.

*Conquista de toda la región de Valencia*

## 72

*El Cid asedia Valencia.—Pregona a los cristianos la
guerra.*

Los moros que hay en Valencia escarmentados están[199],
no osaban salir afuera, ni quieren irlo a buscar;
todas las huertas les talan haciéndoles grande mal,
durante aquellos tres años el Cid los dejó sin pan.
Se quejan los de Valencia que no saben lo que harán,
pues que de ninguna parte llegarles podía el pan;
ni da amparo el padre al hijo ni este al padre puede dar,
ni un amigo al otro amigo se podía consolar.
Mala cuita es, señores, el tener mengua de pan,
los hijos y las mujeres de hambre muriéndose están.
Viendo su duelo delante no lo pueden remediar.
Por el rey que hay en Marruecos piensan entonces mandar,

---

[198] Estos tres versos bastan al juglar para despachar las constantes correrías
del Cid y sus gentes por todo el reino valenciano, de las que elude dar detalles
por el desconocimiento de la topografía de dichos lugares. Las conquistas del
Cid en tierras valencianas duraron tres años, como dice el poema y confirma la
historia.

[199] Escarmentados, recordando el descalabro sufrido en el intento de sitio a
Murviedro, según los versos 1 y 2 de la serie 65 y el verso 25 de la serie 68.

que con el de Montes Claros[200] empeñado en guerra está;
mas su amparo no les manda ni viénelos a ayudar.
   Súpolo mío Cid, y esto mucha alegría le da;
saliéndose de Murviedro[201] una noche a cabalgar,
lo cogió el amanecer en tierras de Monreal.
Por Aragón y Navarra pregones hizo enviar[202],
y hasta tierras de Castilla sus mensajeros se van.
«Quien quiera dejar trabajos y su soldada ganar,
»véngase con mío Cid que desea guerrear,
»y cercar quiere a Valencia que a los cristianos dará.»

*El Cid asedia Valencia*

*Pregona a los cristanos la guerra*

73

*Repítese el pregón. (Serie gemela.)*

«Quien quiera venir conmigo para cercar a Valencia[203],
»todos vengan de buen grado, ninguno venga por fuerza,
»lo esperaré hasta tres días en el canal de la Cella.»

*Repítese el pregón*

---

[200] Montes Claros se llamaba antes la cordillera del Atlas (Marrue-cos). Parece que el juglar se refiere al rey de los almohades, que estaban al sur del Atlas, en 1120, y en lucha con el emperador de Marruecos, según Menéndez Pidal.

[201] De este verso se deduce que el Cid residía en Murviedro, desde donde llevaba a cabo todas las correrías guerreras preparatorias del cerco de Valencia.

[202] Por Aragón y Navarra envía el Cid pregones buscando el enganche de voluntarios para la conquista de Valencia. A tierras de Castilla llegaron los mensajeros, amparados por la promesa que el rey hizo a Minaya de autorizar la marcha a quienes quisieran ir a guerrear en las huestes del Cid. (Véanse versos 2 y 4 de la serie 48.)

[203] Verso encadenado para indicar que sigue el tema, a pesar del cambio de asonante.

## 74

*Gentes que acuden al pregón.—Cerco y entrada*
*de Valencia.*

Esto dijo mío Cid el Campeador leal.
Después se volvió a Murviedro que ganado tiene ya.
Se difunden los pregones, por todas partes van,
y al sabor de la ganancia nadie atrás quiere quedar,
muchas gentes se le acogen de la buena cristiandad.
Sonando por todas partes las hazañas del Cid van;
más son los que al Cid se juntan que no los que se le van;
y creciendo va en riqueza mío Cid el de Vivar.
Cuando tanta gente vio mucho se pudo alegrar.
Mío Cid Campeador no quiso esperarse más,
se dirigió hacia Valencia y sobre ella llegó a dar,
muy bien cercó mío Cid hábilmente la ciudad;
viéraislo salir lo mismo como lo vierais entrar.
Un plazo aún les concede [204] por si alguien les va a ayudar.
El cerco puesto a Valencia, nueve meses dura ya [205]:
cuando el décimo llegó, hubiéronse de entregar.
    Grandes son los alborozos que corren por el lugar;
cuando el Cid ganó Valencia y, al fin, entró en la ciudad.
Los que llegaron a pie ya sobre caballo van,
el oro y la plata, ¿quién era capaz de contar?

---

[204] Según los historiadores árabes del Cid, dio este a los moros valencianos una última tregua de quince días por si podían alcanzar auxilio de los reyes moros de Zaragoza y de Murcia. Pasado este plazo sin recibir auxilio, los valencianos habían de rendir la ciudad. El poema habla de un sitio de nueve meses, rindiéndose los sitiados al llegar el décimo mes.

[205] El cerco de Valencia no duró nueve meses —como dice el poema—, sino veinte, según la crítica histórica. Menéndez Pidal justifica las palabras del juglar, diciendo que cuenta el poeta solo como una segunda parte del asedio, ya que este empieza antes de la marcha del Cid a reclutar gentes para el cerco. (Véanse los versos 1 y siguientes de la serie 72.)

Todos eran ricos cuantos entraron en la ciudad.
Mío Cid la quinta parte de botín mandó tomar;
en monedas acuñadas treinta mil marcos le dan
y de las otras riquezas ¿quién las podría contar?
    ¡Qué alegre está mío Cid con cuantos con él están,
cuando en lo alto del alcázar vieron su enseña ondear!

*• Gentes que acuden al pregon*
*• Cerco y entrada de Valencia*

75

### El rey de Sevilla quiere recobrar Valencia.

HOLGADO estaba mío Cid con cuantos lo acompañaban,
cuando a aquel rey de Sevilla[206] las noticias le llegaban
de que se tomó Valencia sin que nadie la amparara.
A atacarlos se marchó con treinta mil hombres de armas.
Sobre la huerta libraron con los cristianos batalla;
atacólos mío Cid, aquel de la luenga barba,
y la pelea duró hasta estar dentro de Játiva,
al pasar el río Júcar, van todos en desbandada,
los moros van ronceando y, sin querer, beben agua.
Y el mismo rey de Sevilla con tres hachazos se escapa.
Y tornose mío Cid trayendo tales ganancias,
que si bueno fue el botín cuando a Valencia ganara,
fue mucho más provechosa para el Cid esta batalla.
A los que menos, tocoles unos cien marcos de plata.
Las nuevas del caballero ya veis adónde llegaban.

*El rey de Sevilla quiere recobrar Valencia.*

[206] Por rey de Sevilla debe entenderse el jefe almorávide que la gobernaba,
ya que, desde 1091, Sevilla no tenía reyes propios, por haber sido conquistada
por los almorávides. Téngase en cuenta que la palabra rey, para los moros, indi-
caba cualquier jefe militar o emir; así llama reyes el poema a Hariz y Galve,
generales del rey de Valencia, que fueron a luchar con el Campeador en Alcocer.
(Véase la nota 120.)

## 76

*El Cid deja su barba intonsa.—Riqueza de los del Cid.*

GRANDE era la alegría entre todos los cristianos
que estaban con mío Cid Ruy Díaz, el bienhadado.
Ya le crecía la barba, mucho se le iba alargando,
tanto que dijera el Cid, cuando salió desterrado:
«Por amor del rey Alfonso, que de su tierra me ha echado.
»no entrará en ella tijera ni un pelo será cortado [207],
»aunque de ello murmurasen los moros y los cristianos» [208].
        Mío Cid Campeador en Valencia estaba holgando,
con él Minaya Álvar Fáñez no se aparta de su lado.
Los que dejaron su tierra, de riqueza están cargados,
a todos les dio en Valencia el Campeador honrado
tierras, casas y heredades con las que fueron pagados [209];
el amor de mío Cid ya lo van ellos probando.
También pagados han sido los que luego se juntaron
ve mío Cid Campeador que ellos con lo que ganaron [210],
si se pudiesen marchar haríanlo de buen grado.
Esto mandó mío Cid, por Minaya aconsejado:

[207] El no cortarse la barba o los cabellos era señal de dolor y se solía hacer por promesa y con previo juramento, como aquí se recuerda que hizo el Cid. Esta costumbre se siguió usando mucho tiempo en España; así el rey católico, generalmente afeitado, usa barba después de la muerte del príncipe don Juan.

[208] Esto es, «todo el mundo», «todos», según la conocida frase adverbial tan usada en el poema. (Véase el verso de la nota 51.)

[209] Aquí hace el juglar distinción entre los que salieron desterrados de Castilla con el Cid y los que acudieron últimamente a las huestes del Campeador, esto es, los antiguos vasallos y los voluntarios que fueron a la conquista de Valencia. A los primeros hace repartimiento de la ciudad, a los segundos les da solo parte en el botín alcanzado.

[210] Algunos advenedizos, que solo acudieron al señuelo del botín, quisieron marcharse con lo ganado. El Cid, que lo advierte, trata de impedirlo, ya que tiene el propósito de constituir con todo su ejército conquistador un estado cristiano organizado.

que ningún hombre de aquellos que con él ganaron algo,
que de él no se despidiese ni le besara la mano[211],
y lo prendan donde lo hallen, donde puedan alcanzarlo,
se le quite cuanto tenga y se le ahorque en un palo.
Dispuesto ya todo esto, con precauciones tomado,
de Minaya Álvar Fáñez el Cid se va aconsejando:
«Si así os parece, Minaya, fundar quisiera un estado
»con cuantos están aquí y conmigo algo ganaron;
»que se pongan por escrito y todos sean contados[212],
»que si alguno se ocultase o de menos fuera echado,
»lo ganado habrá de dar para mis buenos vasallos
»que custodian a Valencia por sus murallas rondando».
Así respondió Minaya: «El consejo es bien pensado».

*El Cid deja su barba intonsa*

*Riqueza de los del Cid*

77

*Recuento de la gente del Cid.—Este dispone nuevo*
*presente para el rey.*

MANDOLOS ir a la corte para poderlos juntar;
cuando estuvieron reunidos, a todos hizo contar:
tres mil seiscientos tenía mío Cid el de Vivar,
esto el corazón le alegra y le hace alborozar:
«Gracias al Señor, Minaya, y a la Virgen hay que dar.
»Con mucho menos salimos de mi casa de Vivar.
»Si ahora tenemos riqueza, habremos de tener más.

---

[211] Besar la mano era la fórmula, lo mismo para pactar el vasallaje que para
rescindirlo. Dice el Cid que «nadie le vaya a besar la mano, esto es, que nadie se
marche rompiendo el vasallaje, lo que está dispuesto a castigar severamente,
confiscándole los bienes y ahorcándolo.

[212] Ordena el Cid graves penas para los que se evaden del empadronamiento
que ordena hacer por inspiración de Minaya. Manda juntar a todos cuantos com-
ponen su ejército en su presencia y llega a contar hasta 3.600 vasallos.

»Si a vos plugiese, Minaya, y no os pareciese mal,
»mandaros quiero a Castilla, donde está nuestra heredad,
»ya nuestro rey don Alfonso, que es mi señor natural,
»de todas estas ganancias que hemos hecho por acá,
»quiero darle cien caballos, ídselos vos a llevar;
»por mí, besadle la mano, y firmemente rogad
»que a mi mujer y mis hijas, que en aquella tierra están,
»si fuera su merced tanta, ya me las deje sacar.
»Por ellas yo enviaré, este mensaje será:
»Por la mujer y las hijas, de Rodrigo de Vivar
»enviaré yo a Castilla y con gran honra vendrán
»hasta estas tierras extrañas que hemos logrado ganar».
Entonces dijo Minaya: «Iré yo de voluntad».
    Cuando esto hubieron hablado, comiénzase a preparar.
El Cid destacó cien hombres que con Minaya se irán
y en el camino le sirvan con la mejor voluntad;
mil marcos de plata diole que a San Pedro [213] ha de llevar,
de los que quinientos debe dar a don Sancho el abad.

- Recuento de la gente del Cid

• Este dispone

## 78

*Don Jerónimo llega a Valencia.*

CUANDO con estas noticias todos se van alegrando,
de las tierras del oriente un buen clérigo ha llegado:
el obispo don Jerónimo [214] era por nombre llamado.

---

[213] El monasterio de San Pedro de Cardeña, donde quedaron doña Jimena y sus hijas bajo la custodia del abad don Sancho. (Versos 2 a 97 de las series 14 a 18, respectivamente.)

[214] El «obispo don Jerónimo» que el Cid nombra en Valencia tuvo existencia histórica. Se trata del clérigo o monje —«coronado», dice el poema— francés Jerónimo de Perigod, que llegó a tierras españolas con los monjes de Cluny que tanto se extendieron por Castilla, protegidos por el rey Alfonso VI, y que influyeron tanto en la cultura de la época. El Cid, en vista del saber letrado del clérigo

Muy entendido era en letras y en consejos muy sensato,
y cabalgando o a pie era guerrero esforzado.
Por las proezas del Cid él venía preguntando,
suspirando ya por verse con los moros en el campo,
diciendo que si se hartaran de luchar y herir sus manos,
en los días de aquel siglo no le llorasen cristianos [215].
Cuando lo oyó mío Cid, muy satisfecho, así ha hablado:
«Oíd, Minaya Álvar Fáñez, por aquel que está en lo alto,
»ya que ayudarnos Dios quiere, bien es que lo agradezcamos:
»en las tierras de Valencia fundar quiero un obispado,
»para darlo a don Jerónimo, que es caballero cristiano;
»vos, cuando estéis en Castilla, también esto hais de contarlo».


## 79


*Don Jerónimo hecho obispo.*


MUCHO le plugo a Álvar Fáñez lo que dijo don Rodrigo.
Al clérigo don Jerónimo le dan el cargo de obispo
de la sede de Valencia donde puede hacerse rico.
¡Oh Dios, entre los cristianos cuánto era el regocijo
porque en tierras de Valencia ya había señor obispo!
Alegre estaba Minaya, se despidió, y ha partido.

• Don Jeronimo hecho obispo

y su destreza y arrojo para la guerra, lo nombra obispo de Valencia, donde restaura la diócesis antigua, haciendo que el metropolitano de Toledo, don Bernardo, lo ordene obispo, según consta en la carta de donación de la iglesia levantina, otorgada por el Cid en 1098. Perdida Valencia, tras la muerte del Campeador, don Jerónimo fue nombrado obispo de Salamanca. El Cid, como señor territorial de un estado, se arrogó la facultad real de nombrar por sí obispos, prerrogativa que tienen los reyes en los primeros tiempos de la reconquista, interpretando así el canon 19 del IV Concilio de Toledo, que concedía al rey la aprobación de la elección de obispo.

[215] «Cristianos», aquí equivale a decir «nadie», como se ha visto repetidas veces.

## 80

*Minaya se dirige a Carrión.*

Ya las tierras de Valencia tranquilas quedan en paz,
cuando Minaya Álvar Fáñez hacia Castilla se va.
Dejaremos las jornadas, que no las quiero contar[216].
Preguntó por don Alfonso, dónde lo podría hallar;
dijéronle que a Sahagún[217] se marchó el rey poco ha,
y tornose hacia Carrión donde lo podría hallar.
    A Minaya estas noticias mucho le hacen alegrar,
y, con todos sus presentes, encaminose hacia allá.

## 81

*Minaya saluda al rey.*

Entonces, el rey Alfonso de misa estaba saliendo,
cuando Minaya Álvar Fáñez arribara tan apuesto;
hincose en tierra de hinojos, delante de todo el pueblo,
y a los pies del rey Alfonso cayó, con un grande duelo,
besándole las dos manos mientras decía discreto:

---

[216] En este verso, el juglar, dirigiéndose directamente a los oyentes, les hace gracia de las jornadas del camino que sigue Minaya, y, cortando el relato, nos presenta a Álvar Fáñez ya en Castilla, preguntando por el rey, a quien lleva, por segunda vez, una embajada del Campeador.

[217] Sahagún, población a 35 kilómetros al oeste de Carrión. El rey estaba en aquella población, adonde solía ir con frecuencia a visitar el monasterio benedictino que allí había y en el que vistió el hábito monacal cuando fue vencido por su hermano, en 1072, y de donde se escapó al reino moro de Toledo. Alfonso VI repobló aquel monasterio con monjes de Cluny en 1079, eximiéndolos de toda jurisdicción civil y dejando que viviesen sujetos directamente a la sede apostólica.

## 82

*Discurso de Minaya al rey. Envidia de Garci Ordóñez. El rey per-
dona a la familia del Cid. Los infantes de
Carrión codician las riquezas del Cid.*

«¡MERCED, señor don Alfonso, por amor del Creador!
»Por mí vuestras manos besa mío Cid el luchador,
»los pies y manos os pide como cumple a tal señor,
»que le otorguéis la merced y así os valga el Creador.
»Le echasteis de vuestras tierras, le quitasteis vuestro amor,
»pero aunque está en tierra extraña él cumple su obligación:
»a Jérica ha conquistado, igual que a Onda ganó,
»tomó a Almenara y también a Murviedro, que es mejor,
»igual hizo con Cebolla y también con Castellón [218],
»y Benicadell, que está sobre muy fuerte peñón;
»con todas estas conquistas de Valencia es el señor;
»hizo obispo por su mano también el Campeador;
»cinco batallas [219] campales en que luchara, ganó.
»Grandes fueron las ganancias que le otorgó el Creador,
»y ved aquí las señales de la que ahora os digo yo:
»estos cien caballos, que todos corredores son,
»que de sillas y de frenos todos llevan guarnición;
»por mí el Campeador os ruega que os dignéis tomarlos vos,
»que siempre es vuestro vasallo y os tiene a vos por señor.»
Alzó la mano derecha el rey y se santiguó:
«De esas inmensas ganancias que hizo el Campeador,

[218] Al referir el juglar las poblaciones tomadas en Levante (versos 7 de la serie 64 y siguientes), no citó a Castellón. Ahora aquí lo nombra, y aunque le da el nombre de Castejón, no debe confundirse con el Castejón de Henares que tomó al principio de salir desterrado el Campeador. Castellón se llamó también Castellón de Burriana, y puede representar las «tierras de Burriana» de que habla el poema en el verso 8 de la serie 64.

[219] Aunque el juglar habla de cinco batallas, tan solo ha narrado dos hasta ahora en el poema.

»¡San Isidoro [220] me valga!, me alegro de corazón,
»por todas estas hazañas que hace el Campeador
»y recibo estos caballos que me envía como don».
Aunque plugo al rey, al conde Garci Ordóñez le pesó [221].
«Parece que en tierra mora no hubiera vivo un varón,
»cuando así hace a su antojo y deshace el Campeador.»
Así el rey respondió al conde: «Acabad esa cuestión,
»que de todas las maneras, mejor me sirve que vos».

    Entonces, sigue Minaya, el esforzado varón:
«Vuestra merced pide el Cid, si se la queréis dar vos,
»para que doña Jimena igual que sus hijas dos,
»salgan de aquel monasterio donde, al marchar, las dejó,
»y a Valencia vayan para juntarse al Campeador».
Entonces, dijo así el rey: «Pláceme de corazón;
»mientras por mis tierras vayan, les daré manutención,
»mandaré, que las custodien del mal y del deshonor [222],
»y al llegar a la frontera de mis tierras, cuidad vos,
»de que bien servidas vayan, vos y el buen Campeador.
»¡Oídme ahora, mesnadas, que toda mi corte sois!
»No quiero que pierda nada mío Cid Campeador;
»a todos los mesnaderos que lo llaman su señor

_Discreto_

---

[220] San Isidoro de León es fervorosamente invocado por el rey. Se refiere a san Isidoro, arzobispo de Sevilla (599-686), por quien Alfonso VI sentía especial devoción, siguiendo en esto a su padre Fernando I, que fue quien trasladó el cuerpo de este santo desde Sevilla a León, depositándolo en la catedral. Debido al culto que las reliquias de este santo recibían en León, se le llamó con la advocación de esta ciudad, y así se le nombra más adelante, invocado por el rey castellano en el verso 4 de la serie 150.

[221] Ya sabemos la enemistad de García Ordóñez con el Cid. (Véase nota 7.) Para el efecto dramático del poema, pone aquí el juglar unas palabras en boca de este conde que son contestadas por el rey con una dureza impropia del trato que —según la historia— dio Alfonso VI a dicho prócer. (Versos 28 y 29 de la serie 82.)

[222] Aquí el rey ofrece la custodia y la manutención de los familiares del Cid, en tanto viajen por tierras de su reino, camino de Valencia, como era obligación de todo señor respecto del vasallo. Salidos ya de tierra castellana, los entrega a la custodia del Cid y de Minaya, cesando la protección real.

»cuanto yo le confisqué, hoy se lo devuelvo yo [223];
»conserven sus heredades donde esté el Campeador,
»seguros estén de daño y mal en toda ocasión;
»esto lo hago porque sirvan siempre bien a su señor».
Minaya, entonces, al rey ambas manos le besó.
Y, sonriéndose, el rey así hermosamente habló:
«Los que quisieran marchar a servir al Campeador,
»les doy venia para irse en gracia del Creador.
»Más ganaremos con esto que con otra vejación».
En esto, entre sí se hablaron los infantes de Carrión [224]:
«Mucho cunden las hazañas de mío Cid Campeador;
»si con sus hijas casáramos ganaríamos los dos.
»Mas no nos atreveremos a proponerlo, pues no
»es su estirpe para unirse a los condes de Carrión».
No lo dijeron a nadie, y así la cosa quedó.
    Luego, Minaya Álvar Fáñez del buen rey se despidió.
«¿Ya os vais, Minaya? ¡Idos, pues, en gracia del Creador!

---

[223] Aquí dice solamente el rey que levanta la pena de confiscación de bienes a todos cuantos salieron desterrados voluntariamente con el Cid, y a quienes perdona. Se refiere especialmente a los que salieron de Castilla con el Campeador, ya que, posteriormente, dio libertad a cuantos quisieran salir de Castilla para unirse con el Cid. (Véanse versos 1 a 4 de la serie 248.)

[224] Los infantes de Carrión, que tan principal papel desempeñan en el poema, eran unos nobles jóvenes tan orgullosos de su prosapia como faltos de dinero para sostenerla. El juglar los presenta como los antagonistas del héroe, con las peores cualidades morales: son traidores y cobardes, llenos de ambición y de orgullo. Envidian al Campeador, al que desprecian por su origen, mas buscan emparentar con él arrastrados por la más baja ambición. Espíritus mezquinos, obran con el más vil egoísmo siempre. Su personalidad histórica se confirma en diplomas reales de los años 1090 y 1109, en los que se los llama «hijos del conde» y «del séquito del rey». Eran hijos de Gonzalo Ansúrez y sobrinos de Per Ansúrez —ambos personajes del poema también—, conde de Carrión, y constituían la notabilísima familia de los Beni-Gómez. Desde este punto del poema comienzan los infantes a codiciar las riquezas del Cid, de las que oyen hablar a Minaya. Su actuación se va desenvolviendo gradualmente en los versos 1 de la serie 83, 5 y 32 de la 99, 5 de la 101, 4 de la 102.

»Un mensajero real[225] mando que vaya con vos;
»si a las damas os lleváis sírvalas a su sabor;
»hasta dentro de Medina[226] les preste su protección,
»y desde allí en adelante las cuide el Campeador».
Despidiose así Minaya, y de la corte marchó.

*Discurso del Minaya al rey*
*Envidia de Garci Ordoñez*
*El rey perdona a la familia del Cid*

*Los infantes de Carrión codician las riquezas del Cid*

83

Minaya va a Cardeña por doña Jimena.—Más castellanos se pres-
tan a ir a Valencia.—Minaya en Burgos promete a los ju díos
buen pago de la deuda del Cid.—Vuelve a Cardeña y parte con
Jimena.—Pero Bermúdez parte de Valencia.—En Molina se le une
Abengalbón.—Encuentran a Minaya en Medinaceli.

Los infantes de Carrión, ya tienen urdido el plan,
cuando a Minaya Álvar Fáñez acompañándolo van:
«Vos, que sois tan bueno siempre, por vuestra buena amistad
»llevadle nuestros saludos a mío Cid de Vivar;
»decid que a su lado estamos por lo que quiera mandar[227];
»y que por suyos teniéndonos el Cid, nada perderá».

[225] Sustituyo por «mensajero real» el «portero» de que habla el poema. Nombre
que hoy tiene tan distinta acepción. El portero —dice Menéndez Pidal—, hacia
el siglo XI, sustituye al antiguo «sayón real» o ejecutor del periodo visigótico y
primeros siglos de la reconquista. Venía a ser un oficial palatino encargado origi-
nariamente de introducir las personas a la presencia del monarca y luego de lle-
var las cartas u órdenes del rey y ejecutar sus mandatos. (Puede verse en los ver-
sos 10 al 13 de la serie 84, y 62 y 63 de la 133.) Creo, pues, oportuno traducir la
palabra portero por mensajero real, que me parece más propia.

[226] Medina, la actual Medinaceli, ciudad a la sazón recién conquistada por el
rey castellano, constituía, por consiguiente, el límite extremo de sus reinos. Desde
allí en adelante es ya tierra de moros, sobre la cual no tiene jurisdicción el rey de
Castilla. Así pues, encomienda la expedición al cuidado directo de Minaya, y la
deja bajo la protección del Cid. Medina se encuentra a 65 kilómetros de Soria, en
las riberas del río Jalón.

[227] Aquí los infantes dan su primer paso en el premeditado plan que se propo-
nen desarrollar, comenzando por mostrarse amigos y servidores del Cid.

Repuso Minaya: «Este cargo no me ha de pesar».
Cuando Minaya se fue, los infantes tornan ya.
Se encaminó hacia San Pedro donde las damas están;
¡qué grande gozo tuvieron cuando lo vieron llegar!
Cuando se apeó Minaya, a San Pedro se fue a orar²²⁸,
y acabada la oración, a las damas fue a buscar:
«Humíllome²²⁹ a vos, señora, a quien Dios guarde de mal,
»así como a vuestras hijas también las quiera guardar.
»Os saluda mío Cid desde donde ahora está;
»con salud y con riquezas lo dejé yo en la ciudad.
»El rey me hizo la merced de dejaros libres ya
»para que os lleve a Valencia, que ahora es vuestra heredad.
»Cuando mío Cid os vea sanas y sin ningún mal,
»¡cuánta alegría ha de ser la suya, al veros llegar!».
Dijo así doña Jimena: «¡Dios lo quiera así mandar!».
Minaya a tres caballeros les ha mandado marchar
con este mensaje al Cid, a Valencia, donde está:
«Decid al Campeador, a quien Dios guarde de mal,
»que a su mujer y a sus hijas el rey les da libertad,
»y mientras sus tierras pisen alimentos les dará.
»Y dentro de quince días, si Dios nos guarda de mal,
»su mujer y sus dos hijas y yo estaremos allá,
»y con nosotros las dueñas que las van a acompañar».
Idos son los caballeros que el mandato cumplirán,
y en San Pedro, el buen Minaya Álvar Fáñez quedará.
    Vierais cuántos caballeros de todas partes llegar

---

²²⁸ Costumbre era que el viajero, al llegar al punto de destino, fuera directamente a orar a la iglesia del lugar antes de tratar del asunto que motivara su viaje. (Véase también, en los versos 28 y 29 de la serie 133, cómo hace lo mismo Muñoz Gustioz.)

²²⁹ «Humíllome», era la fórmula usual de saludo reverente (véase la nota 267 y verso 54 de la serie 133), así como «Dios os guarde de mal», que aquí emplea Minaya para dirigirse a doña Jimena, y que era fórmula habitual en los siglos XII y XIII. (El poema lo repite en el verso 28 de la serie 132.)

para marchar a Valencia con mío Cid el de Vivar.
Que por amigos leales les tengan van a rogar
a Minaya, que les dice: «Yo lo haré de voluntad».
Sesenta y cinco a caballo se llegaron a juntar,
que, con los ciento que tiene, que se trajera de allá,
acompañando a las damas, buena escolta les darán.
　　Los quinientos marcos dio Álvar Fáñez al abad,
de los otros, os diré cómo los pudo emplear:
Minaya a doña Jimena, a sus hijas y además
a todas las otras damas que para servirles van,
con ese dinero piensa el buen Minaya comprar
las mejores vestiduras que en Burgos pudiera hallar,
y palafrenes [230] y mulas que tengan buen caminar.
Cuando todo está comprado y dispuestos a marchar,
y el buen Minaya Álvar Fáñez se dispone a regresar,
he aquí a Raquel y Vidas que a sus pies van a rogar:
«¡Merced, Minaya Álvar Fáñez, caballero de fiar!,
»el Cid nos ha arruinado si no nos quiere pagar;
»la ganancia perderíamos si nos diese el capital».
«Yo se lo diré a mío Cid si Dios me deja llegar.
»Por lo que con él hicisteis buena merced os dará» [231].
Dijeron Raquel y Vidas: «¡Mándelo así Jehová!;
»si no, saldremos de Burgos y lo iremos a buscar».
　　El buen Minaya Álvar Fáñez hacia San Pedro se va:
muchas gentes se le acogen preparadas a marchar,
y cuando se van, gran duelo afligía al buen abad:
«Adiós, Minaya Álvar Fáñez, el Creador os valdrá,

[230] Palafrenes. Así se llamaba a los caballos de camino y de lujo que usaban los caballeros para ir de viaje. Las armas, entonces, las llevaban en una acémila que conducía de la rienda un escudero. Los caballos de batalla, llamados «de armas», eran distintos a los de viaje, más fuertes y de mayor tamaño que el palafrén.

[231] Aquí asegura Minaya que el Cid pagará con su merced lo que debe a los judíos por el préstamo sobre las arcas. Con esta promesa de Minaya queda finalizado el asunto de las arcas de arena, sin que el juglar vuelva a acordarse de él.

»y de mi parte las manos al Campeador besad
»y que de este monasterio jamás se quiera olvidar,
»que por los días del siglo pueda su vida medrar,
»y si el Cid así lo hiciere, ha de servirle de más».
Repuso Minaya: «Así lo haré con mi voluntad».
    Allí todos se despiden y empiezan a cabalgar,
con ellos va el mensajero que los ha de custodiar.
Mientras por tierras del rey van, la comida les dan.
De San Pedro hasta Medina cinco días tardarán;
las damas con Álvar Fáñez en Medina quedarán.
    De los que el mensaje llevan ahora habremos de hablar:
Tan pronto como lo supo mío Cid el de Vivar,
le plugo de corazón y se volvía a alegrar
y así dijo por su boca tan pronto comenzó a hablar:
«Quien buen mandadero envía, buen mandado ha de esperar.
»Tú, Muño Gustioz, y tú, Pero Bermúdez, marchad
»y con Martín Antolínez, que es un burgalés leal,
»y el obispo don Jerónimo, sacerdote de fiar,
»cabalgad con cien jinetes, por si tenéis que luchar;
»por tierras de Albarracín [232] primero habéis de pasar
»para llegar a Molina [233], que más adelante está,

---

[232] Hoy lleva tan solo el nombre de Albarracín la ciudad que se llamó —y así lo dice el poema— Santa María, que está en la provincia actual de Teruel. Se llamó Santa María de Aben Razin, porque fue de la familia musulmana de los de Aben Razin, a la sazón tributaria del Cid. De su nombre se derivó Santa María de Alvarrazín (véase nota 365), quedando actualmente la forma de Albarracín como nombre de la población.

[233] Molina de Aragón, población musulmana, en la actual provincia de Guadalajara, a 50 kilómetros de Daroca y a orillas del río Gallo. Estaba bajo el poder del reyezuelo moro Abengalbón, tributario del Cid, del que dice siempre ser buen amigo y en todo momento se porta como tal. La figura de este jefe moro se ha considerado hasta hace poco como imaginaria y novelesca. No obstante, tiene auténtica valoración esta figura, que bien puede identificarse con la de cualquier jefe moro de los que convivían con los cristianos, relacionados con buena amistad con los señores, a quienes servían con lealtad y hasta con admiración, como en el caso de este jeque moro, amigo del Cid. (Véase la nota 237.)

»la que tiene Abengalbón, que es buen amigo y de paz;
»con otros cien caballeros él os acompañará;
»id subiendo hasta Medina lo más que podáis andar,
»y a mi mujer y a mis hijas con Minaya, que vendrán,
»y por lo que me dijeron, allí las podréis hallar.
»Entonces, con grande honor acompañadlas acá.
»Yo me quedaré en Valencia, que harto me costó ganar,
»y desampararla, fuera locura muy singular;
»y me quedaré en Valencia, porque es ella mi heredad».
    Cuando el Cid esto hubo dicho, comienzan a cabalgar,
y todo el tiempo que pueden no dejan de caminar.
Torcieron a Albarracín para en Bronchales [234] quedar,
y al otro día llegaron a Molina a descansar.
El buen moro Abengalbón, cuando supo a lo que van,
salioles a recibir con un gozo singular:
«¿Venís aquí los vasallos de mi amigo natural?
»Sabed que vuestra llegada gran alegría me da».
Muño Gustioz así habló entonces, sin esperar:
«Mío Cid, que a vos saluda, pide que le socorráis
»con cien bravos caballeros que su escolta prestarán
»a su mujer y a sus hijas que ahora en Medina están;
»quiere que vayáis por ellas, y luego aquí las traigáis
»y que hasta Valencia, de ellas no os habéis de separar.»
Dijo Abengalbón: «Lo haré y de buena voluntad».
Esa noche una gran cena a todos les mandó dar,
y a la mañana siguiente comienzan a cabalgar;
el Cid le pidió cien hombres, mas él con doscientos va.
Pasan las altas montañas, que ya van quedando atrás;

---

[234] Bronchales, pueblo a 25 kilómetros de Albarracín, en la provincia de Teruel, lindante con la de Guadalajara. De Bronchales a Molina hay 45 kilómetros, que bien pueden recorrerse en una jornada, como dice el poema. Nótese que el juglar precisa más la topografía de los terrenos que describe a medida que están más cercanos al sitio en el que se supone que naciera, esto es, Medinaceli.

luego, pasan la llanada de la Mata de Taranz[235],
de tal modo que ningún miedo a los que pasan da,
por el valle de Arbujuelo[236] ya comienzan a bajar.
   En Medina, para el viaje, todo preparado está,
y al divisar gente armada, Minaya pensara mal;
envió dos caballeros para saber la verdad;
ellos partieron muy presto porque de corazón van;
el uno quedó con ellos, el otro vuelve a avisar:
«Son fuerzas del Campeador que nos vienen a buscar;
»he aquí a Pero Bermúdez, que delante de ellos va.
»También va Nuño Gustioz que es vuestro amigo leal,
»luego Martín Antolínez, el de Burgos natural,
»y el obispo don Jerónimo, el buen clérigo leal,
»y el alcaide Abengalbón[237] con sus fuerzas también va,
»por dar gusto a mío Cid, a quien mucho quiere honrar.
»Todos vienen juntamente, no tardarán en llegar».
Entonces dijo Minaya: «Vayámosles a encontrar».
Todos montaron deprisa, que no querían tardar.
Cien caballeros salieron, que no parecían mal,
montando buenos caballos con gualdrapas de cendal

---

[235] Mata de Taranz, que también se llama Campo de Taranz (verso 18 de la serie 84), como hoy se dice, es una llanura pedregosa en lo alto del valle de Arbujuelo, entre las provincias de Soria y Guadalajara.

[236] Arbujuelo, riachuelo afluente del Jalón, sin importancia histórica, geográfica ni castrense, pero que —como dice Menéndez Pidal— constituye el punto central de toda la geografía del poema, y es nombrado siempre que los personajes viajan de Valencia a Castilla. (Véanse el verso 17 de la serie 84 y la nota 367). Esta exactitud geográfica acentúa, una vez más, la suposición de que el juglar era perfecto conocedor de aquellas tierras cercanas a Medinaceli, desde donde se divisa todo el llamado valle de Arbujuelo.

[237] El moro Abengalbón, «amigo de paz» del Cid, como lo llama el poema, es el alcaide de Molina, que hospeda y escolta a las gentes del Campeador siempre que pasan por sus tierras. Viene a confirmar la realidad histórica de la época en que convivían moros y cristianos en tiempos de paz. Menéndez Pidal logró identificar la personalidad histórica de este personaje del poema que, en realidad, fue el alcaide moro de Molina en tiempo del Cid.

y petral de cascabeles [238] y el escudo por collar,
en las manos sendas lanzas con su pendón cada cual,
para que los otros sepan Minaya de qué es capaz,
y cómo trata a las damas que a Castilla fue a buscar.
    Los que iban de batidores ya comienzan a llegar;
luego, las armas tomando [239], buscan con ellas solaz;
por junto al río Jalón, con grande alegría van.
Cuando los demás llegaron, hacia Minaya se van,
y el buen moro Abengalbón, cuando frente a él está,
con la sonrisa en los labios a Minaya fue a abrazar,
y en el hombro le da un beso, como es costumbre oriental:
«¡Dichoso día, Minaya, en el que os vengo a encontrar!
»Traéis con vos esas damas que nuevas honras nos dan.
»a las dos hijas del Cid y a su mujer natural;
»con la ventura del Cid todos nos hemos de honrar,
»que aunque poco lo quisiéramos no se le puede hacer mal,
»ya que ha de tomar lo nuestro ya sea en guerra o en paz [240];
»por muy torpe tendré al que no conozca esta verdad».

- Minaya va a Cardeña por doña Jimena
  ↳
- Mas castellanos se prestan a ir a Valencia
- Minaya en Burgos promete a los ju díos buen pago de
  la deuda del Cid
- Vuelve a Cardeña y parte con Jimena

---

[238] Costumbre era de la época adornar los petrales de las cabalgaduras con grandes cascabeles y especialmente en las fiestas. También se acostumbraba colgarse los caballeros el escudo al cuello, fuera de los actos de guerra, a fin de tener las manos más libres para guiar el caballo.

[239] «Tomar armas» quiere decir tanto como «jugar las armas», esto es, usar de ellas como por juego de destreza, por puro deporte y como para solazarse en ejercicios físicos y guerreros. Este ejercicio lo repiten los caballeros y el mismo Cid con harta frecuencia a lo largo de todo el poema, como se irá viendo en diversos pasajes.

[240] Aquí manifiesta Abengalbón la dependencia a que estaba obligado con respecto al Cid, así como el buen trato que el Campeador daba a los tributarios que con él tenían pactada amistad.

## 84

*Los viajeros descansan en Medina.—Parten de Medina*
*a Molina.—Llegan cerca de Valencia.*

DE buena gana sonríe Álvar Fáñez de Minaya:
«¡Ya sé, Abengalbón, que sois un buen amigo sin tacha!
»Si Dios me lleva hasta el Cid y lo veo con el alma,
»esto que ahora habéis hecho no habrá de penaros nada.
»Vayamos a descansar, que la cena es preparada».
Dijo Abengalbón: «La ofrenda esta me place aceptarla;
»y antes que pasen tres días la devolveré sobrada».
Todos en Medina entraron, atendidos por Minaya,
y todos quedan contentos de la cena que tomaran.
El mensajero del rey, de regreso tomó marcha;
honrado quedara el Cid, en Valencia donde estaba,
de los festines con que en Medina los honraran;
todo lo pagara el rey, y nada pagó Minaya.
     Pasada que fue la noche y llegada la mañana,
después de oír misa todos, dispusiéronse a la marcha.
Cuando de Medina salen, el río Jalón pasaban,
por el Arbujuelo arriba van en marcha espoleada;
luego el campo de Taranz prontamente atravesaban,
hasta llegar a Molina, la que Abengalbón mandaba.
El obispo don Jerónimo, el buen cristiano sin tacha,
durante el día y la noche a las damas custodiaba,
con su buen caballo en diestro [241] que le llevaba las armas.
     Entre él y Álvar Fáñez iban formando la guardia.
     Entrados son en Molina, villa próspera y poblada;

---

[241] «Caballo en diestro.» Así se llamaba al caballo de armas que, durante el
viaje, se llevaba desmontado, conducido de las riendas y a la diestra del caballe-
ro, reservándolo para los actos bélicos. Durante el viaje se sustituía por el caba-
llo palafrén, esto es, caballo de viaje. (Nota 230.) Caso de urgir el uso de las
armas, el caballero descendía del palafrén y hallaba presto a su derecha el caba-
llo de armas, dispuesto para ser montado por el estribo izquierdo.

donde el buen Abengalbón los atendía sin falta;
de todo cuanto quisieron, no carecieron de nada,
y aun las mismas herraduras el moro las costeaba[242].
A Minaya y a las damas, ¡Dios, y cómo los honraba!
A la mañana siguiente siguieron la cabalgada,
y hasta llegar a Valencia el moro les acompaña;
de lo suyo fue gastando, que de ellos no quiso nada.
Y con estas alegrías y estas noticias tan gratas,
cerca ya están de Valencia, a tres leguas bien contadas.
A mío Cid Campeador, que en buen hora ciñó espada,
dentro de Valencia mismo el aviso le mandaban.

*Los viajeros descanan en Medina*
*Parten de Medina a Molina*

85

*llegan cerca de Valencia*

El Cid envía gentes al encuentro de los viajeros.

ALEGRE se puso el Cid como nunca estuvo tanto,
porque de lo que más ama las noticias le han llegado.
A doscientos caballeros que salgan les ha ordenado
a recibir a Minaya y a las damas hijasdalgo;
él se quedará en Valencia, cuidándola y aguardando,
que bien sabe que Álvar Fáñez todo lo lleva cuidado.

*El Cid envía gentes al encuentro de los viajeros*

86

Don Jerónimo se adelanta a Valencia para preparar una procesión.—
El Cid cabalga al encuentro de Jimena.—Entran en la ciudad.

HE aquí que todos salen a recibir a Minaya,
a las dueñas y a las niñas y a los que las acompañan.

---

[242] El pagar las herraduras constituía una atención que se solía tener con
las personas de mucha estima. Por otra parte, el señor tenía la obligación de
costear las del caballo del vasallo si le llamaba a vistas.

*El Nombre*
*de el caballero*
*de el Cid*

Mandó mío Cid a todos los que tenía en su casa
que el alcázar guarden bien como las torres más altas,
igual que todas las puertas, con sus salidas y entradas;
mandó traer a Babieca [243], que ha poco lo ganara
del rey moro de Sevilla en aquella gran batalla,
y aún no sabía mío Cid, que en buen hora ciñó espada,
si sería corredor o dócil a las paradas.
A las puertas de Valencia, allí donde a salvo estaba [244],
ante su mujer e hijas quería jugar las armas [245].

Recibidas con gran honra de todos, fueron las damas;
el obispo don Jerónimo delante de todos marcha,
apeose del caballo y en la capilla se entraba,
y con cuantos allí encuentra, que preparados estaban,
con sobrepelliz vestidos, llevando cruces de plata,
salen así a recibir a las damas y a Minaya.
El que en buen hora nació tampoco se retrasaba:
sobregomela [246] vestía de seda y larga la barba;
ya le ensillan a Babieca que enjaezan con gualdrapas [247];

---

[243] Babieca es el nombre del famoso caballo del Cid, que se nombra aquí por vez primera, sin que el juglar diga cuándo lo ganó, ya que el verso siguiente debió de ser —como sospecha Menéndez Pidal— una adición posterior del manuscrito, que fue sin duda la que sirvió para la *Crónica de Veinte Reyes*. El caballo del Cid se nombra después repetidas veces a lo largo del poema, y, al final, el Campeador lo ofrece al rey, como ofrenda, después de hacerlo correr ante él en Toledo. (Verso 8 de la serie 150.)

[244] Donde podía estar en completa seguridad, lo que supone que también era peligroso presentarse ante el pueblo que no estaba pacificado, y temía alguna mala acción de los moros. Recuérdense los temores del Cid para no alejarse de Valencia.

[245] «Jugar las armas» para adiestrarse en ellas solía ser ejercicio que se verificaba en los grandes acontecimientos como espectáculo, así como en las fiestas y recibimientos a personajes principales. (Véase la nota 239.)

[246] «Sobregomel», palabra desconocida; especie de gomela o túnica de seda que se vestía sobre la grande, y de ahí su nombre.

[247] Para las fiestas y torneos se acostumbraba recubrir los ca-ballos con una especie de gualdrapas con flecos y labores y aun con cascabeles.

montó mío Cid en él, y armas de fuste tomaba[248].
Sobre el nombrado Babieca el Campeador cabalga
emprendiendo una corrida que a todos parece extraña;
cuando la hubo terminado, todos se maravillaban.
Desde aquel día, Babieca se hizo famoso en España.
Cuando acabó la corrida[249], el Campeador descabalga,
y se va hacia su mujer y hacia sus hijas amadas;
al verlo doña Jimena a los pies se le arrojaba:
«¡Merced, Campeador, que en buen hora ceñisteis la espada!
»Sacado me habéis, al fin, de muchas vergüenzas malas[250];
»aquí me tenéis, señor, a mí y a estas hijas ambas,
»para Dios y para vos son buenas y bien criadas».
A la madre y a las hijas el Cid con amor abraza,
y del gozo que sentía sus ojos solo lloraban[251].
Todas las gentes del Cid con júbilo los miraban,
las armas iban jugando, los tablados derribaban[252].

[248] «Armas de fuste», o sea, armas de madera, propias para el juego de armas, usadas así para que fueran más ligeras y menos peligrosas.

[249] La corrida del caballo era un ejercicio caballeresco que se usa-ba con mucha frecuencia, dado el ambiente militar de la época. En muchas ocasiones se realizan estas corridas, como narra el poema. El Campeador celebra una en Toledo, ante el rey, después de celebradas las cortes y a instancias del mismo monarca, que queda tan maravillado del caballo Babieca que el Cid se lo ofrece como recuerdo. (Véase el verso 8 de la serie 150.)

[250] Alude aquí el juglar a un pasaje histórico que, no obstante, no refiere en el poema, y es la prisión a que el rey sometió a la mujer y a las hijas del Cid al desterrar a este, que hacía extremar el castigo con toda la familia del desterrado. Jimena y sus hijas quedaron en Cardeña, como arrestadas, mientras el Cid salió al destierro. Por esto ahora habla la esposa del Cid de las vergüenzas y vejámenes que hubo de sufrir en el tiempo de su arresto.

[251] Véase aquí la ternura paternal manifestada en lágrimas, que solo sabe llorar sin mengua de su fortaleza el Cid en estas ocasiones. Llora de dolor al dejar su casa de Vivar (verso 1 de la serie 1), al separarse de su familia en Cardeña (verso 81 de la serie 18), como ahora de alegría, al verse de nuevo reunido con ella.

[252] Solían levantarse tablados o castillejos de madera para derribarlos, después, a lanzadas, en el juego de las armas, en los públicos festejos de alegría, en simulacro de batallas.

Oíd lo que dijo el Cid, que en buen hora ciñó espada:
«Vos, doña Jimena mía, mujer querida y honrada,
»y mis dos hijas, que son mi corazón y mi alma,
»entrad conmigo en Valencia, que ella ha de ser vuestra casa,
»es la heredad que yo quise para vosotras ganarla».
La madre con las dos hijas las manos del Cid besaban.
Y en medio de grande pompa todos en Valencia entraban.

*Don Jeronimo se adelante a Valencia para preparar una procesión
• El Cid cabalga al encuentro de Jimena

87

*Las dueñas contemplan a Valencia desde el alcázar.*

CON su mujer y sus hijas el Cid al alcázar va;
cuando llegaron, las sube sobre el más alto lugar.
Ellas con ávidos ojos no se cansan de mirar,
ven a Valencia extenderse a una parte la ciudad,
y por la otra extenderse delante de ellas el mar;
miran la huerta, tan grande, tan frondosa y tan feraz,
y todas las otras cosas, que dan gusto de mirar;
alzan al cielo las manos porque a Dios quieren rogar
y agradecer la ganancia tan buena que Dios les da [253].
    Mío Cid y sus compañas sienten su felicidad.
El invierno ya se ha ido, que ya el marzo quiere entrar [254].

Las dueñas contemplan a Valencia desde el alcázar

---

[253] Esta descripción, magnífica en su sencillez, de la huerta de Valen-cia y de la ciudad, es de lo más logrado artísticamente por el juglar, que sabe unir lo escue-to de la forma a la fuerza descriptiva en la expresión. En este momento —dice don Marcelino Menéndez y Pelayo— llega el Cid a la cumbre de su gloria, alcan-zando el poema el punto culminante de la epopeya.

[254] La llegada de marzo es para el juglar indicio de que ha pasado el invier-no, lo que supone conocer el templado clima de Valencia, donde el mes de marzo puede contarse entre los primaverales.

Daros os quiero noticias de la otra parte del mar,
de aquel rey moro Yusuf que allá en Marruecos está[255].

### 88

*El rey de Marruecos viene a cercar a Valencia.*

PESOLE al rey de Marruecos el triunfo del Cid Rodrigo:
«En mis tierras y heredades audazmente se ha metido[256],
»y él no quiere agradecerlo sino a su Dios Jesucristo».
El rey moro de Marruecos juntar a sus hombres hizo;
con cincuenta veces mil de armas se hubo reunido.
Entráronse por el mar, en las barcas van metidos,
van a buscar en Valencia a mío Cid don Rodrigo.
Tan pronto llegan las naves, sobre la tierra han salido.

*El rey de Marruecos viene a cercar a Valencia*

### 89

YA llegaron a Valencia, del Cid la mejor conquista,
allí plantaron las tiendas esas gentes descreídas.
De todo aquello, a mío Cid llegábanle las noticias.

---

[255] Interrumpe aquí la narración el juglar para volver a hablarnos de empresas militares, al decir, que va a dar noticias del rey moro de Marruecos Yúcef, como lo llama el poema. Este Yúsuf de Marruecos es el primer emperador de los almorávides, llamado Yúsuf Ben Tesufin (1059-1116). Este personaje musulmán, plenamente identificado, es el histórico emperador almorávide, que intentó repetidas veces reconquistar Valencia, siendo siempre derrotado por el Cid.

[256] A partir del año 1090 se apoderó Yúsuf de la mayor parte de la España musulmana, fracasando tan solo en sus intentos de conquistar Valencia, que fue la única población que no pudieron tomar los almorávides. Por ello dice el poema que le pesa al rey de Marruecos, que cree tener derecho a todas las tierras de la España árabe, a las que consideraba como «sus tierras y heredades». Para conquistarla, pues, juntó un enorme ejército y atravesó el mar para atacar al Cid, que le infligió una enorme derrota.

## 90

*Alegría del Cid al ver las huestes de Marruecos.—Temor*
*de Jimena.*

«¡LOADO sea el Creador y Padre espiritual!
»Todos los bienes que tengo delante de mí ahora están[257]:
»con afán gané Valencia, que hoy tengo por heredad,
»y a menos que yo no muera nunca la habré de dejar;
»agradezco al Creador y a su Madre virginal,
»que a mi mujer y a mis hijas junto a mí las tengo ya.
»La suerte viene a buscarme de tierras allende el mar,
»habré de empuñar las armas, no he de poderlo dejar,
»y mi mujer y mis hijas habrán de verme luchar;
»en estas tierras extrañas, cómo se vive verán,
»y harto verán con sus ojos cómo ha de ganarse el pan.»
    A su mujer y a sus hijas al alcázar súbelas;
ellas, alzando los ojos, ven las tiendas levantar.
«¿Qué es esto, Cid? El Creador os quiera de ello salvar.»
«¡Ea, mi mujer honrada, ello no os cause pesar!
»La riqueza que tenemos esto ha de hacer aumentar
»A poco que vos vinisteis presentes os quieren dar:
»para casar nuestras hijas[258], nos ofrecen el ajuar.»
«¡A vos lo agradezco, Cid, y al Padre espiritual.»
«Mujer, en este palacio que es nuestro alcázar, quedad;
»no tengáis miedo ninguno porque me veáis luchar,
»que con la ayuda de Dios y su Madre virginal,

---

[257] Se refiere a la posesión de Valencia, así como a su mujer y sus hijas, que para el Cid son todo lo más amado.

[258] Véase aquí la técnica literaria del juglar insinuando ya el tema del casamiento de las hijas del Cid, que ha de constituir el nudo novelesco del poema. Los infantes de Carrión no han comunicado sus proyectos a nadie todavía, pero de ellos ha hablado ya el juglar, y ahora alude al ajuar que las hijas del Campeador pueden aportar a su boda.

»siento crecer el esfuerzo porque aquí delante estáis;
»y con la ayuda de Dios, la batalla he de ganar.»

*Alegría del Cid al ver las huestes de Marruecos
* Temor de Jimena            91

*El Cid esfuerza a su mujer y a sus hijas.—Los moros
invaden la huerta de Valencia.*

HINCADAS están las tiendas al clarear el albor,
presurosamente tañen los moros el atambor;
alegrose mío Cid y dijo: «¡Buen día es hoy!».
Mas su mujer siente un miedo que le parte el corazón,
también temían las dueñas y sus hijas ambas dos
que en lo que cuentan de vida no tuvieron tal temor.
    Acariciando su barba dijo el Cid Campeador:
«No tengáis miedo, que todo ha de resultar mejor;
»antes de estos quince días, si pluguiese al Creador,
»esos tambores que oís, en mi poder tendré yo;
»y os la mandaré traer para que veáis cuál son,
»y al obispo los daremos para que, luego, en honor
»los cuelgue en santa María [259] la madre del creador».
Este voto es el que hizo mío Cid Campeador.
    Vanse alegrando las damas, ya van perdiendo el pavor.
Y los moros de Marruecos cabalgando entraban por
todas las huertas aquellas sin tener ningún temor.

* El Cid esfueza a su mujer y a sus hijo.
* Los moros invaden la huerta de Valencia

[259] Los tambores eran instrumentos de guerra desconocidos por los cristianos, como se ha dicho, y por ello amedrentan a las hijas del Cid con su retumbo. El Campeador, decidor y animoso ante la batalla, les da ánimos a sus hijas y les promete llevar como trofeo aquellos tambores para que los vean de cerca, y, luego, ofrecerlos a la Virgen como exvotos en su iglesia mayor de Valencia.

## 92

*Espolonada de los cristianos.*

CUANDO los vio el atalaya, comenzó a tañer la esquila;
prestas están las mesnadas de las gentes de Ruy Díaz;
con denuedo se preparan para salir de la villa.
Al encontrar a los moros los arremeten aprisa,
echándolos de las huertas aquellas de mala guisa;
quinientos de ellos mataron cuando hubo acabado el día.

*Espolonada de los cristianos*

## 93

*Plan de batalla.*

HASTA el campamento moro los cristianos van detrás,
y después que tanto han hecho, del campo se tornan ya.
Álvar Salvadórez, preso de los moros, quedó allá [260].
Tornando van a mío Cid los que comen de su pan;
aunque él lo vio por sus ojos ellos lo quieren contar,
y alegrose mío Cid con las nuevas que le dan:
«Oídme, mis caballeros, esto aquí no ha de quedar;
»si hoy ha sido día bueno, mañana mejor será;
»cerca del amanecer armados todos estad,
»el obispo don Jerónimo la absolución nos dará [261];
»y después de oír su misa, dispuestos a cabalgar;
»a atacarlos nos iremos, de otro modo no será,

*Plan de Batalla*

[260] El juglar olvida después contar cómo se rescató a Álvar Salvadórez.
[261] Costumbre era que, tras la misa que oían las tropas antes de comenzar las batallas, el oficiante diese la absolución de los pecados a los combatientes, «soltura», como dice el poema. Esta costumbre se refleja también en la *Canción del Roldán*, donde el arzobispo Turpín da la absolución a los franceses antes de la gran batalla de Roncesvalles.

»en el nombre de Santiago y del Señor celestial.
»Más vale que los venzamos que ellos nos cojan el pan».
Entonces dijeron todos: «Con amor y voluntad».
Habló Minaya Álvar Fáñez, no lo quiso retardar:
«Si así lo queréis, mío Cid, a mí me tenéis que dar
»ciento treinta caballeros, que es necesario luchar;
»y en tanto que atacáis vos, por la otra parte he de entrar;
»y en una o en otra parte, o en las dos, Dios nos valdrá».
Entonces dijo mío Cid: «De muy buena voluntad».

94

*El Cid concede al obispo las primeras heridas.*

EL día salido es y la noche ya es entrada,
no tardan en prepararse aquellas gentes cristianas.
Cuando cantaban los gallos antes de la madrugada,
el obispo don Jerónimo la santa misa les canta,
y una vez la misa dicha, esta alocución les daba:
«A quien en la lucha muera peleando cara a cara,
»le perdono los pecados y Dios le acogerá el alma.
»Y a vos, mío Cid don Rodrigo, que en buena ceñiste espada,
»por la misa que he cantado para vos esta mañana,
»os pido me concedáis, en cambio suyo, esta gracia:
»que las primeras heridas 262 sean hechas por mi espada».
Díjole el Campeador: «Desde aquí os son otorgadas».

---

262 «Las primeras heridas.» Así se llamaba al derecho de ser el primero en
romper la batalla, gracia que podía otorgar el jefe militar a determinado caballe-
ro como recompensa de servicios relevantes o simple manifestación de amistad.
Repítese esto en el poema varias veces. (Véanse notas 335 y 450.)

## 95

*Los cristianos salen a batalla. Derrota de Yúcef.—Botín extraordi-*
*nario.—El Cid saluda a su mujer y a sus hijas.—Dota a las due-*
*ñas de Jimena.—Reparto del botín.*

YA por las torres de Cuarte [263] salieron todos armados;
mío Cid a sus guerreros bien los iba aleccionando.
Dejan guardando las puertas hombres muy bien pertrechados.
Salió al campo mío Cid en Babieca, su caballo,
que de todas guarniciones iba bien enjaezado.
Ya están fuera de Valencia, la enseña caudal llevando;
van cuatro mil menos treinta con mío Cid, por su lado,
y a luchar a gusto van con cincuenta mil contrarios;
Minaya, con Álvar Álvarez, atacó por otro lado.
Y le plugo al Creador que pudieran derrotarlos.

   El Cid empleó la lanza [264], luego a la espada echó mano,
y a tantos moros mato que no es posible contarlos;
por su codo abajo va sangre mora chorreando.
Al rey moro Yúsuf, tres fuertes golpes le ha asestado,
mas de su espada se escapa espoleando el caballo,
ocultándose en Cullera en un castillo palacio;
tras él se fue mío Cid por si podía alcanzarlo [265],

---

[263] En el lugar que marca el cuarto miliario del camino de Valencia a Castilla
existe un pueblo que tomó el nombre valenciano de Quart, quedando actualmen-
te transformado en Cuarte, bárbaramente castellanizado. La puerta de las mura-
llas de Valencia que daba acceso a aquel camino estaba defendida por sendos
lados por dos torreones mellizos, fortificación que se denominó torres de Cuarte.
En la actualidad existe dicho pueblo en la carretera de Valencia; quedan en pie
las torres de Cuarte, mas no las que existían en tiempos del Cid, sino las cons-
truidas en el siglo XV, que pertenecen al ensanche de la muralla más antigua.

[264] En la lucha de la batalla se usaba la lanza hasta romperla; solo entonces
era costumbre emplear la espada.

[265] Una carrera de persecución a caballo desde el llano de Cuarte al castillo
de Cullera es tan imposible, en todos los tiempos, que solo decirlo pone de mani-
fiesto el desconocimiento de la geografía de la tierra valenciana que tenía el

con otros que lo acompañan de entre sus fieles vasallos.
Desde Cullera volvió mío Cid el bienhadado,
muy alegre de lo que por los campos capturaron;
vio cuánto vale Babieca de la cabeza hasta el rabo.
La gran ganancia adquirida toda en su mano ha quedado.
De aquellos cincuenta mil enemigos que contaron,
tan solo escapar pudieron con vida hasta ciento cuatro.
Las mesnadas recogían los despojos por el campo:
entre la plata y el oro recogieron tres mil marcos,
que de las otras ganancias no podían ni contarlo.
Alegre estaba mío Cid como todos sus vasallos,
porque Dios los protegió para vencer en el campo.
En cuanto al rey de Marruecos, allí quedó derrotado;
dejose el Cid a Álvar Fáñez para custodiar el campo,
mientras, con cien caballeros, a Valencia va tornando;
fruncida trae la cofia [266] y el yelmo se lo ha quitado:
así entró sobre Babieca y con la espada en la mano.
    Recíbenlo así las damas que lo estaban esperando;
mío Cid paró ante ellas, las riendas tiró al caballo:
«Ante vos me humillo [267], damas, por quienes prez he ganado;
»vos custodiasteis Valencia y yo vencí sobre el campo;
»esto lo dispuso Dios y lo quisieron los santos,
»cuando aquí apenas llegáis tal ganancia nos ha dado.
»Ved esta espada sangrienta y sudoroso el caballo;
»es así como se vence a los moros en el campo.
»Rogad, pues, al Creador que yo os viva algunos años

juglar, lo que contrasta con la meticulosidad demostrada otras veces al describir
las tierras que debió de conocer personalmente.
    [266] La cofia fruncida, esto es, recogida, y el yelmo quitado. Así regresaba, des-
pués de la batalla, sin las armas defensivas y sin el yelmo y el almófar, que se
solían quitar cuando se cesaba de combatir para refrescar la cara y aliviarla del
peso, que era considerable, del yelmo. Cofia y yelmo. (Véanse las notas 141 y
139, respectivamente.)
    [267] «A vos me humillo», fórmula usual de saludo, como en el verso 13 de
la serie 83.

»y os alcanzaré tal prez que os han de besar las manos» [268].
Esto lo dijo mío Cid, y descendió del caballo.
Cuando lo vieron de pie una vez descabalgado,
las damas y las dos hijas, la mujer que vale tanto,
ante el Cid Campeador las dos rodillas hincaron:
«¡Somos vuestras y queremos que viváis por muchos años!».
  De vuelta con él, las damas entraron en el palacio
y con él van a sentarse sobre preciosos escaños.
«Mi mujer doña Jimena, ¿no me lo habíais rogado?
»Estas damas que trajisteis y que a vos os sirven tanto,
»yo las quisiera casar con mis mejores vasallos [269],
»ya cada una de ellas le daré doscientos marcos,
»para que en Castilla sepan que aquí sirven a buen amo,
»mas en cuanto a nuestras hijas [270], lo pensaremos despacio.»
Todas a una se levantan para besarle las manos,
y grande fue la alegría que hubo por todo palacio.
Como lo dijera el Cid, así lo llevara a cabo.
Mientras, Minaya Álvar Fáñez continuaba en el campo
con los que el botín guardaban anotándolo y guardándolo.
Entre las tiendas y armas y los vestidos preciados,
tantos llegan a coger que muchos les han sobrado.
Ahora, deciros quiero del botín lo más granado.

---

[268] «Os han de besar las manos», esto es, habréis de tener vasallos: ya se sabe
que el vasallaje se prestaba besando la mano del señor. Menéndez Pidal entien-
de que aquí quiere decir el héroe que aún aumentarían sus vasallos en lo por
venir, pues ya son señores de Valencia y como a tales tenían ya por vasallos a
todos los que en Valencia vivían, ya fueran cristianos o moros.

[269] El Cid, consecuente con su propósito de fundar un estado de Valencia,
fomenta estos casamientos de sus vasallos con las damas que de Castilla llega-
ron al servicio de las hijas y la esposa del Campeador. Cumple así también el
Cid la obligación que como señor tenía de proporcionarles buen casamiento y
dote, según el uso medieval.

[270] Aunque le preocupe al Cid el casamiento de sus hijas, todavía no consi-
dera oportuno hablar de ello. El juglar insiste en insinuar el tema, que irá des-
envolviendo paulatinamente para que constituya el núcleo novelesco de todo
el poema.

no pudieron sacar clara cuenta de tantos caballos
que andan guarnidos sin que nadie quisiera tomarlos;
los moros de aquellas tierras ganáronse también algo;
a pesar de todo esto, al Campeador honrado
de los mejores, tan solo tocáronle mil caballos.
Cuando al partir las ganancias al Cid le tocaron tantos,
los demás han de quedar con ello muy bien pagados.
¡Y qué de tiendas preciosas con los postes trabajados
han ganado mío Cid Ruy Díaz y sus vasallos!
La tienda que fue del rey marroquí, estaba en lo alto,
dos tendales la sostienen todos en oro labrado;
mío Cid Campeador a todos les ha mandado
que plantada la dejasen y no la toque cristiano:
«Tal tienda que, como está, de Marruecos ha pasado,
»enviarla quiero al rey [271] don Alfonso, el castellano,
»para que crea las nuevas de cómo el Cid va medrando».
    Con todas estas riquezas en Valencia van entrando.
El obispo don Jerónimo, sacerdote muy honrado,
harto ya de combatir con los moros a dos manos,
no podía hacer la cuenta de los moros que ha matado;
rico botín le tocara también en aquel reparto:
y mío Cid don Rodrigo de Vivar el bienhadado,
de la quinta parte suya el diezmo le hubo enviado.


### 96

*Gozo de los cristianos.—El Cid envía nuevo presente*
*al rey.*

En Valencia están alegres todas las gentes cristianas,
ya tantos bienes tenían, tantos caballos y armas;

[271] Aunque aquí dice el juglar el propósito del Cid, luego se olvida de consignar que la entrega a Alfonso VI por mano de Minaya cuando va a Castilla en nueva embajada.

doña Jimena está alegre y alegres sus hijas ambas,
igual que las damas todas que se tienen por casadas.
El bueno de mío Cid no se retrasaba en nada:
«¿En dónde estáis, buen caudillo? Venid hacia acá, Minaya;
»de la ganancia que hicisteis no demostráis grandes ansias:
»de la quinta que me toca, os digo con toda el alma
»que toméis cuanto quisiereis con lo que quede me basta.
»Mañana, al amanecer, habréis de marchar, sin falta,
»con caballos de esta quinta que tuve como ganancia,
»con sus sillas y sus frenos, todos con sendas espadas;
»por amor de mi mujer y el de mis hijas amadas,
»a las que dejó venir donde ellas deseaban,
»estos doscientos caballos le llevaréis al monarca,
»que no piense el rey Alfonso mal del que en Valencia manda».
Y ordenó a Pero Bermúdez que se fuese con Minaya.
A la mañana siguiente muy deprisa cabalgaban,
con doscientos caballeros que su séquito formaban,
para al rey decir que el Cid las dos manos le besaba;
y que en una lid tan buena a los moros les ganara,
como presente, doscientos caballos buenos le manda,
y que siempre ha de servirle mientras aliente en él alma.


## 97

### *Minaya lleva el presente a Castilla.*

Y A han salido de Valencia, se disponen a marchar,
tales riquezas llevaban que las han de vigilar.
Andan de día y de noche, y al descanso no se dan;
la sierra alta [272] que parte los reinos, la pasan ya.
Y por el rey don Alfonso comienzan a preguntar.

---

[272] Esta sierra es la que separa la cuenca del Tajo de la del Duero, o sea, la de Guadarrama.

## 98

*Minaya llega a Valladolid.*

Atravesando las sierras y los montes y las aguas[273],
llegan a Valladolid, donde el rey Alfonso estaba;
audiencia solicitaron Bermúdez y el buen Minaya
y que mande recibir a cuantos los acompañan,
que mío Cid de Valencia con su presente los manda.

## 99

*El rey sale a recibir a los del Cid.—Envidia de Garci
Ordóñez.*

Alegre se puso el rey como no lo visteis tanto;
mandó cabalgar aprisa a todos sus hijosdalgo,
y él de los primeros fue que montaron a caballo
por recibir los mensajes de mío Cid bienhadado.
Los infantes de Carrión estaban ya cavilando[274]
con el conde don García, del Cid enemigo malo.
Lo que les complace a unos a los otros va pesando.
Ante sus ojos tenían a los del Cid bienhadado,
parecían un ejército y no simples enviados[275];
el rey don Alfonso, al verlos llegar, se hubo santiguado[276].
Minaya y Pero Bermúdez ante todos han llegado.

[273] «Las aguas.» Así suele llamarse en el poema a los ríos.
[274] Recuérdese la codicia que la riqueza del Cid despertó en los infantes de Carrión. (Versos 43 y 44 de la serie 82.)
[275] Tal era la cantidad y presencia de los enviados del Cid, que pareció a los cortesanos del rey de Castilla un ejército que llegaba y no unos mandatarios simplemente.
[276] El rey se hacía cruces, maravillado de aquel séquito que llevaban los mensajeros del Cid.

Y echando sus pies a tierra descendieron del caballo;
delante del rey Alfonso, con los hinojos hincados,
besaron tierra, y los pies de su rey también besaron [277];
«Merced, merced, rey Alfonso, señor nuestro tan honrado,
»en nombre de mío Cid vuestras plantas os besamos;
»a vos llama por señor, y él se tiene por vasallo,
»mucho él aprecia la honra que vos le habéis otorgado.
»Pocos días ha, señor, que una batalla ha ganado
»contra aquel rey de Marruecos que Yúsuf era nombrado,
»y a sus cincuenta mil hombres ha vencido sobre el campo.
»Las ganancias que sacó a todos nos han sobrado.
»y ya se tienen por ricos allí todos sus vasallos:
»y estos caballos os manda el Cid, y os besa las manos».
Respondió el rey don Alfonso: «Yo los recibo de grado.
»Agradezco a mío Cid los dones que me ha enviado,
»¡ojalá que llegue el tiempo en que yo pueda pagarlo!».
Esto satisfizo a muchos y besáronle las manos
    Al conde García Ordóñez esto mucho le ha pesado,
y con diez de sus parientes apartáronse hacia un lado:
«Maravilla es del Cid que su honra crezca tanto.
»Con esa honra, nosotros más humillados quedamos;
»con tanta facilidad vence reyes en el campo,
»como si estuviesen muertos les despoja los caballos.
»y esto, sin duda, a nosotros puede hacernos mucho daño».


## 100

*El rey muéstrase benévolo hacia el Cid.*

A sí habló el rey Alfonso, oíd lo que fue a decir:
«Alabemos al Señor y a san Isidoro aquí,
»por el don de estos caballos que me envía mío Cid.

---

[277] Era esta la mayor señal de acatamiento que podía hacer un vasallo a su señor.

»En lo sucesivo, pues, mejor me podrá servir.
»A vos, Minaya Álvar Fáñez, y a vos, Bermúdez, aquí
»he de ordenar yo que os sirvan ricamente de vestir
»y se os entreguen las armas que quisierais elegir,
»para que bien parezcáis ante Ruy Díaz el Cid;
»os entrego tres caballos que podéis coger de aquí.
»Todo esto, al parecer, náceme a mí presumir
»que todos estos sucesos habrán de tener buen fin».

## 101

*Los infantes de Carrión piensan casar con las hijas del Cid.*

Besándole allí las manos, se fueron a descansar;
mandó el rey darles de cuanto pudiesen necesitar.
Ahora, de los infantes de Carrión quiero contar,
que, aconsejándose aparte, hablando en secreto están:
«Los negocios de mío Cid muy para delante van,
»pidámosle, pues, sus hijas para con ellas casar [278];
»que ello nos puede dar honra y darnos prosperidad».
Y al rey Alfonso, en secreto, así le empiezan a hablar:

[278] Aquí se plantean los infantes el propósito que luego han de exponer al rey, sobreponiéndose en ellos su ambición al orgullo de su nobleza. (Véase el verso 54 de la serie 82.)

## 102

*Los infantes logran que el rey les trate el casamiento.—El rey pide vistas con el Cid.—Minaya vuelve a Valencia y entera al Cid de todo.—El Cid fija el lugar de las vistas.*

«ESTA merced os pedimos a vos, cual rey y señor [279];
»queremos, pues, que con vuestro consejo y aprobación,
»vos solicitéis las hijas a mío Cid Campeador,
»para casarnos con ellas por su honra [280] y nuestro pro.»
El rey, un rato en silencio pensándolo se quedó [281]:
«Yo eché un día de mis tierras al buen Cid Campeador,
»y mientras yo hacía mal, él luchaba por mi honor;
»el casamiento no sé [282] si será de su sabor;
»mas, puesto que lo queréis, tratemos esta cuestión».
    A Minaya Álvar Fáñez y a Bermúdez los llamó
entonces el rey Alfonso y les hizo esta razón,
llevándolos a una sala en donde así les habló:
«Oídme, Minaya y Pero Bermúdez, oíd los dos:

---

[279] Aquí, por vez primera, manifiestan el propósito que ha largo tiempo habían concebido y llevaban madurando ambos infantes de casarse con las hijas del Cid. Lo comienzan a poner en práctica empezando por comunicárselo en «poridad» al rey, al que le piden que sea su valedor ante el Cid.

[280] Aquí puede verse el orgullo de los infantes de Carrión y la ambición de que estaban dominados al decir que ellos honraban a las hijas del Cid al desposarse con ellas.

[281] El rey piensa antes de contestar a la propuesta de los de Carrión, y hace un elogio del Cid. Esta actitud de meditar en silencio antes de contestar en los casos graves la repite el Cid en varias ocasiones. (Véase el verso 49 de la serie 102 al recibir la propuesta del rey por medio de los mensajeros. Igual hace en los versos de la nota 385, y, el rey, en el verso de la nota 407.)

[282] No obstante la alcurnia de los de Carrión, el rey duda de que el Cid acepte tal casamiento. El Campeador lo acepta tan solo porque ello es un deseo del rey; mas accede lleno de recelo. Aquí se puede advertir la técnica del juglar al dar a su héroe la intuición del mal que aquellas bodas han de acarrearle. En varios pasajes sucesivos del poema se puede advertir este recelo del Cid.

»Por lo bien que ahora me sirve Ruy Díaz Campeador,
»y como se lo merece, de mí alcanzará el perdón;
»que venga a verse conmigo si este fuera su sabor[283].
»Otras novedades hay en esta mi corte, y son:
»que don Diego y don Fernando, los infantes de Carrión,
»con las hijas de Ruy Díaz quieren casarse los dos.
»Sed de esto, pues, mensajeros buenos, os lo ruego yo,
»y que así se lo digáis al buen Cid Campeador:
»con ello alcanzará honra y ha de crecer en honor
»de este modo, emparentando con infantes de Carrión».
Habló Minaya, y a Pero Bermúdez bien pareció:
«Le rogaremos al Cid tal cual nos lo decís vos;
»y después el Cid hará lo que estimare mejor».
«Decid a Rodrigo Díaz el que en buen hora nació,
»que iré a verlo cuando quiera para encontrarnos los dos,
»allí donde él señalare[284] hincado será el pendón.
»Ayudar quiero a mío Cid en cuanto pudiese yo.»
Despidiéronse del rey y a todos dieron su adiós,
y camino de Valencia se van todos cuantos son.
      Cuando supo que venían el buen Cid Campeador,
deprisa montó a caballo y a recibirlos salió;
sonriose el Cid al verlos y luego los abrazó:
«¿Venís, Minaya Álvar Fáñez y Pero Bermúdez[285], vos?
»En pocas tierras se encuentran hombres cual vosotros dos.
»¿Qué noticias os ha dado don Alfonso mi señor?
»Decidme si está contento de mí, si aceptó mi don».

[283]  Esto es, «acordemos una entrevista» con el Cid y que se celebre cuando él guste y en el sitio que indique.

[284]  El rey ofrece al Cid la iniciativa del lugar donde ha de celebrarse la entre-vista, aunque, come se verá, fija él el plazo para celebrarla. (Versos 72 y 4 de las series 102 y 103, respectivamente.) Allí donde indique el Cid serán las vistas, esto es, allí se plantará el estandarte real que indique dónde había de acampar el monarca.

[285]  Salutación en forma de pregunta, tan usada a lo largo del poema, como se ha visto. (Véase la nota 57.)

Dijo Minaya Álvar Fáñez: «Con alma y de corazón
»lo aceptó, y en prueba de ello quiere daros su favor».
Dijo mío Cid entonces: «¡Loado sea el Señor!».
Esto diciendo, comienzan a referir su misión,
la súplica que le hace don Alfonso, el de León,
de que sus hijas entregue a los condes de Carrión,
que ello habrá de darle honra y habrá de crecerle honor,
que lo aconsejaba el rey, con alma y de corazón.
Cuando lo oyó mío Cid, aquel buen Campeador,
un gran rato, silencioso y pensativo quedó:
«Esto lo agradezco mucho a Cristo, nuestro Señor.
«Echado fui de mi tierra, me quitaron el honor,
»y con gran afán gané todo cuanto tengo hoy.
»A Dios he de agradecer que el rey me vuelva a su amor,
»y ahora me pida mis hijas para infantes de Carrión.
»Decidme, Minaya y Pero Bermúdez, vosotros dos,
»de estas bodas en proyecto decidme vuestra opinión» [286].
«Lo que a vos pluguiese, eso nos parecerá a los dos.»
      Dijo el Cid: «De alta prosapia son los condes de Carrión,
»en la corte tienen sitio y muy orgullosos son;
»el casamiento propuesto no lo fuera a mi sabor,
»pero si así lo aconseja el que vale más que nos,
»podemos tratar aquí en secreto la cuestión.
»Y que Dios, desde los cielos, nos inspire lo mejor».
«Además de todo esto, Alfonso nos encargó
»que os dijéramos que quiere veros donde gustéis vos;
»para allí poderos dar la prueba de su favor,
»decidid debéis entonces lo que os parezca mejor.»

---

[286] El Cid consulta a Minaya y a Pero Bermúdez sobre el casamiento pro-
puesto para sus hijas, ya que ellos son sobrinos suyos. No dice el juglar que con-
sultará con su esposa, a la que solo le comunica, después, la boda ya concerta-
da. (Versos 6, 7 y 8 de la serie 108.) La potestad de casar a sus hijas residía en
el padre y en la madre, como se desprende de la primera *Crónica General*, don-
de se dice que el Campeador consultó también a doña Jimena. El omitir, pues,
esta consulta a la esposa debe de ser un olvido del juglar.

Entonces, dijo mío Cid: «Pláceme de corazón».
«Este encuentro que ahora os pide, habéis de fijarlo vos.»
Dijo Minaya: «Así que de ello quedáis sabedor».
«Si quisiera el rey Alfonso de Castilla y de León,
»hasta donde lo encontrara, iría a buscarlo yo
»para honrarlo de este modo como a mi rey y señor.
»Pero, ya que así lo quiere, gustoso lo acepto yo.
»Sobre el Tajo se celebre, ya que es un río mayor,
»esta entrevista pedida, cuando quiera mi señor.»
     Escritas fueron las cartas y mío Cid las selló;
luego, con dos caballeros aprisa las envió:
que aquello que el rey quisiere, eso hará el Campeador.


## 103

*El rey fija plazo para las vistas.—Dispónese con los suyos*
*para ir a ellas.*

Al rey honrado, del Cid le presentaron las cartas;
cuando el rey las hubo visto, lo agradeció con el alma:
«Saludad a mío Cid, que en buen hora ciñó espada;
»que se celebren las vistas cuando pasen tres semanas;
»y si vivo estoy, seguro que allí acudiré sin falta».
Los mensajeros del Cid con la nueva se tornaban.
     De una y de otra parte la entrevista preparaban;
¿quién vio nunca por Castilla tanta mula enjaezada,
quién vio tanto palafrén de tan buen andar y estampa,
caballos tan bien cebados y corredores sin tacha,
y tanto hermoso pendón llevado en tan buenas astas,
escudos [287] con bloca de oro y guarniciones de plata,

---

[287] Los escudos de combate solían ser de tabla, forrados de piel de caballo, y medían 1,20 por 0,65 metros, y estaban frecuentemente guarnecidos con una *bloca* o adorno metálico en el centro, de donde partían radios, también de metal, hacia los bordes; esta guarnición podía ser de plata, y hasta de oro en algunos casos.

ricos mantos, pellizones, y ricos cendales de Andria[288].
Provisiones abundantes ordena el rey que enviaran
a orillas del Tajo, donde las vistas se preparaban.
Un séquito numeroso al rey Alfonso acompaña.
Los infantes de Carrión con gran alegría marchan,
y unas cosas van debiendo aunque otras cosas las pagan.
porque con sus bodas piensan que han de crecer sus ganancias,
tanto que han de enriquecerse con dinero de oro y plata[289].
El rey don Alfonso VI muy aprisa cabalgaba
con condes y potestades[290] y numerosas mesnadas.
Los infantes de Carrión grande séquito llevaban.
Con el rey van leoneses y van gallegas mesnadas[291],
y no se cuentan, sabed, las mesnadas castellanas;
que a rienda suelta, a las vistas en derechura cabalgan.

---

[288] Ricas telas con las que se hizo famoso el mercado de Andros, que comúnmente se designaban «cendales» de Andria.

[289] Los infantes de Carrión, para asistir a las vistas, quieren presentarse con un boato y esplendidez dignos de su prosapia; mas como su fortuna no alcanzaba a sufragar tales dispendios, se ven obligados a empeñarse, dejando a deber gran parte de lo que adquieren. Este detalle sirve al juglar para ir preparando el retrato moral de estos personajes, que buscan al Cid acuciados por la codicia tan solo.

[290] Condes y potestades eran altos dignatarios de la corte. El conde era, desde tiempos visigóticos, a modo de gobernador de una comarca, donde ejercía las funciones militar, judicial y económica por delegación del rey. Los potestades eran ricoshomes, aunque de inferior jerarquía a los condes, y estaban encargados del gobierno o tenencia de una fortaleza, ciudad o territorio.

[291] Recuérdese que Alfonso VI era rey de León por derecho propio; de Galicia, por herencia de su hermano García, y luego lo fue de Castilla por la muerte de su rey Sancho. Esta numeración de las distintas procedencias de los que acompañan al rey —y que se repite varias veces en el poema— viene a ser la expresión del imperio de Alfonso VI, que comprendía la mayor parte de la España cristiana de su tiempo.

## 104

*El Cid y los suyos se disponen para ir a las vistas.—Parten de
Valencia.—El rey y el Cid se avistan a orillas del Tajo.—Perdón
solemne dado por el rey al Cid.—Convites.—El rey pide al Cid sus
hijas para los infantes.—El Cid confía sus hijas al rey y este las
casa.—Las vistas acaban.—Regalos del Cid a los que se despi-
den.—El rey entrega los infantes al Cid.*

DENTRO de Valencia estaba mío Cid Campeador,
cuando para ir a las vistas el viaje preparó.
Tanta gruesa mula y tanto palafrén en buen sazón,
tantas buenas armas, tanto caballo buen corredor,
y tanta valiosa capa y tanto buen pellizón;
los chicos como los grandes van vestidos de color.
Minaya Álvar Fáñez y Pero Bermúdez, los dos,
y Martín Muñoz, aquel que mandó en Montemayor
y con Martín Antolínez, leal burgalés de pro;
el obispo don Jerónimo que es el clérigo mayor,
Álvar Álvarez y Alvar Salvadórez, que van con
Muño Gustioz el ilustre buen caballero de pro,
y con Galindo García, que llegara de Aragón,
se preparan para ir con el Cid Campeador,
y todos los caballeros que vasallos suyos son.
　A Álvar Salvadórez y a don Galindo el de Aragón,
a estos dos les encomienda el buen Cid Campeador
que custodien a Valencia con alma y de corazón,
y que estén cuantos se queden bajo el mando de ellos dos.
Y las puertas del alcázar, ordenó el Campeador
que no se abriesen de día ni de noche a nadie, no;
dentro su mujer quedaba y también sus hijas dos,
y en ellas ha puesto toda el alma y el corazón,
y con ellas otras damas que sus servidoras son.
También ha dispuesto el Cid, como prudente varón,

que del alcázar ninguna llegue a salir mientras no
torne a Valencia de nuevo el que en buen hora nació.
    Salen todos de Valencia, van aguijando a espolón [292].
Llevan caballos en diestro, que muy corredores son;
mío Cid se los ganara, no se los dieron en don.
Hacia las vistas se va que con el rey concertó.
    Un día antes que el Cid, el rey Alfonso acudió.
Cuando vieron que llegaba el buen Cid Campeador,
salieron a recibirlo para así rendirle honor.
Al punto que los divisa el que en buen hora nació,
a los que con él venían detenerse les mandó;
menos a unos pocos que estima de corazón.
Con unos quince vasallos suyos, el pie a tierra echó,
como lo había dispuesto el que en buen hora nació;
los hinojos y las manos sobre la tierra posó [293],
y las hierbas de los campos entre los dientes tomó;
lloraban sus ojos [294], que tan grande fue su emoción,
que así rinde acatamiento a Alfonso, que es su señor.
De este modo, el caballero a los pies del rey quedó;
al rey don Alfonso, esto gran pesadumbre le dio:
«Levantaos en pie, ya, mi buen Cid Campeador;
»besad mis manos; los pies no quiero los beséis vos;
»si así no lo hacéis, sabed que no os daré mi favor».
Con los hinojos hincados seguía el Campeador:
«Merced os pido a vos, rey, vos, mi natural señor,

---

[292] Espoleando de prisa. (Véase la nota 23 al verso 1 de la serie 2.)

[293] Postrarse de hinojos y con las manos en el suelo, humillándose hasta tomar la hierba con los dientes, era la máxima muestra de acatamiento que podía hacer un vasallo ante su señor. Según Menéndez Pidal, esta señal de rendimiento del Cid ante el rey, «su señor natural», puede considerarse como una supervivencia de la antigua costumbre entre los pueblos indios, itálicos, germanos y eslavos, entre los que el vencido era costumbre que tomase tierra en la boca como señal de sumisión o en petición de misericordia.

[294] Recuérdese que el Cid llora solo en los momentos de ternura familiar, lo que no es nunca signo de debilidad, sino de fina sensibilidad emotiva.

»que así estando arrodillado, imploro vuestro favor,
»y que cuantos estén, oigan lo que a decir ahora voy».
Dijo el rey: «Así lo hago con alma y de corazón;
»aquí os perdono y os vuelvo a gozar de mi favor,
»y en las tierras de mi reino os acojo desde hoy».
Habló entonces mío Cid y dijo aquesta razón:
«Vuestra merced yo recibo, rey Alfonso, mi señor,
»gracias doy a Dios del cielo y después las doy a vos,
»y a todas estas mesnadas que están aquí alrededor».
Con los hinojos hincados, las reales manos besó;
se levantó en pie, y al rey un beso en la boca dio [295].
Todos los que allí se hallaban se alegran de corazón;
tan solo a García Ordóñez y a Álvar Díaz [296] les pesó.
   Habló entonces mío Cid y a decir fue esta razón:
«Esto yo se lo agradezco a mi Padre Creador,
»porque me ha vuelto la gracia don Alfonso, mi señor,
»y por eso día y noche siempre ha de valerme Dios.
»Os pido seáis mi huésped, si así os pluguiese, señor».
Dijo el rey: «Hacerlo así no sería justo, hoy,
»vos acabáis de llegar y desde anoche estoy yo;
»vos habéis de ser mi huésped, mío Cid Campeador,
»que mañana, ya será aquello que os plazca a vos».
Besole la mano el Cid y a su deseo accedió.
Entonces lo saludaron los infantes de Carrión:
«Os saludamos, mío Cid, que tan bien nacido sois.
»En todo cuanto podamos seremos en vuestro pro».
Repuso mío Cid: «¡Así mandáralo el Creador!».
A mío Cid Ruy Díaz, el que en buen hora nació,

[295] El besar en la boca era saludo usual de amistad, pactado en momentos solemnes.
[296] Álvar Díaz, potestad de la corte de Alfonso VI, partidario del conde García Ordóñez, y por consiguiente enemigo del Cid. Es personaje histórico que figura en la corte castellana entre los años 1068 y 1111 como gobernador de Oca, vieja ciudad próxima a Burgos. (Véase la nota 415.)

durante aquel día, el rey como huésped lo trató:
no se hartó de estar con él, que lo ama de corazón;
contemplábale la barba [297] que tan pronto le creció.
A cuantos allí se hallaban el Cid los maravilló.
     El día ya va pasando que ya la noche se entró.
A la mañana siguiente muy claro salía el sol,
y mío Cid don Rodrigo a los suyos ordenó
que prepararan comida para cuantos allí son;
muy satisfechos quedaron de mío Cid Campeador,
todos estaban alegres, de acuerdo en esta razón:
de que hacía ya tres años que no comían mejor.
     A la mañana siguiente, así como salió el sol,
el obispo don Jerónimo la santa misa cantó.
Cuando de misa salieron, el rey a todos juntó;
y ante todos reunidos a hablar así comenzó:
«¡Oíd, mesnadas y condes e infanzones de valor!
»Proponer quiero un deseo a mío Cid Campeador;
»y que para su bien sea, así lo quiera el Señor.
»Vuestras hijas, Cid, os pido, doña Elvira y doña Sol [298],
»para que con ellas casen los infantes de Carrión.
»Paréceme el casamiento de gran provecho y honor;
»los infantes os las piden y así os lo demando yo.
»Y los de una y otra parte que presentes aquí son,
»tanto míos como vuestros, así lo pidan de vos;
»dádnoslas, pues, mío Cid, y así os valga el Creador».

[297] Alusión al voto del Cid de dejarse crecer la barba. (Véase el verso 6 de la serie 76.) Con ella admira a cuantos lo veían, y por eso el juglar lo llama con los epítetos frecuentes de «el de la luenga barba», «el de la barba grande». (Verso 6 de la serie 75 y 8 de la 118.)

[298] Por primera vez aquí se designa por sus nombres a las hijas del Cid. Llámalas doña Elvira y doña Sol, y con estos nombres han pasado a la inmortalidad literaria. Pero los nombres históricos de las hijas del Cid fueron los de Cristina y María Rodríguez. Como era costumbre que las mujeres usasen nombres dobles, prefirió el juglar usar el segundo, que las diferencia del primero, usado en los documentos de la época.

«No debiera yo casarlas —repuso el Campeador[299]—,
»que no tienen aún edad y las dos pequeñas son.
»De gran renombre disfrutan los infantes de Carrión,
»buenos son para mis hijas y aun para boda mejor.
»Yo las he engendrado, pero las habéis criado vos[300];
»a vuestro servicio estamos, tanto ellas como yo;
»helas aquí en vuestras manos, doña Elvira y doña Sol,
»dadlas a quienes quisiereis, que ello ha de ser en mi honor.»
«Gracias a vos —dijo el rey— y a toda la corte doy.»
Entonces se levantaron los infantes de Carrión
y a besar fueron las manos al que en buen hora nació;
cambiando sus espadas[301] con el Cid Campeador.
   Allí habló el rey don Alfonso, cual cumple a tan buen señor:
«Gracias, mío Cid, tan bueno, y primero al Creador,
»porque me dais vuestras hijas para infantes de Carrión.
»Desde aquí tomo en mis manos a Elvira y a doña Sol,
»y las doy por desposadas a los condes de Carrión.
»yo caso a vuestras dos hijas con la licencia de vos,
»que sea en provecho vuestro y así plazca al Creador.
»Aquí tenéis, mío Cid, los infantes de Carrión;
»que con vos ellos se vayan y de aquí me vuelva yo.
»Trescientos marcos de plata como ayuda[302] yo les doy,
»que los gasten en las bodas o en lo que quisierais vos.

[299] El Cid no demuestra gran confianza en los de Carrión, y después de advertir que sus hijas fueron criadas en casa del rey —como era costumbre ancestral entre la nobleza—, se aviene a la petición de la boda solamente por obediencia y sumisión a su soberano.

[300] Alusión a la costumbre que, desde tiempo visigótico, se usaba en España de que los hijos de los nobles fueran criados y educados en palacio como servidores de los reyes.

[301] «Cambiar las espadas» era señal de parentesco. Acostumbrábase también a cambiar las armas como símbolo de pactar amistad.

[302] «Ayuda» era el obsequio en dinero que hacía el señor a sus vasallos, según la costumbre feudal, para contribuir a sus bodas. En las cortes de Toledo, esta cantidad, que en concepto de «ayuda» se entregó a los infantes, habrá de ser exigida por el Campeador a sus yernos. (Verso 148 de la serie 137.)

»Como están en poder vuestro en Valencia la mayor,
»los yernos y vuestras hijas, todos vuestros hijos son;
»aquello que a vos pluguiese podéis hacer, Campeador».
Mío Cid, al recibirlos, al rey las manos besó;
«Mucho os lo agradezco, pues, como a mi rey y señor.
»Vos me casáis a mis hijas [303], no soy quien las casa yo».
    Las palabras ya son dichas, las promesas dadas son;
a la mañana siguiente, tan pronto salga el sol,
se tornaba cada uno allá de donde salió.
Entonces cosas muy grandes hizo el Cid Campeador;
aquellas lustrosas mulas, palafrenes en sazón,
y las ricas vestiduras que de grande valor son,
a todos los que allí estaban mío Cid les regaló;
a cada cual lo que pide y a nadie dijo que no.
Mío Cid, de sus caballos hasta sesenta donó.
Todos contentos están por cuanto allí les tocó;
partir quieren, que la noche sobre los campos entró.
    El rey a los dos infantes de la mano los tomó,
y los entregó al amparo de mío Cid Campeador:
«He aquí a vuestros hijos, ya que vuestros yernos son;
»desde hoy en adelante, cuidad de ellos, Campeador;
»que a vos sirvan como a padre y os guarden como a señor».
«Os lo agradezco, mi rey, y acepto aquí vuestro don;
»y Dios, que en el cielo está, os dé su buen galardón.»

105

*El Cid no quiere entregar las hijas por sí mismo.—*
*Minaya será representante del rey.*

«Y ahora os pido merced a vos, mi rey natural:
»pues que casáis a mis hijas según vuestra voluntad,

[303] Véase aquí la intención del juglar al insistir en el constante recelo del Cid sobre el casamiento de sus hijas. El Cid dice al rey que él las casa.

»nombrad un representante a quien las pueda entregar;
»no las daré por mi mano, de ello no se alabarán.»
Respondió el rey: «Pues designo a Álvar Fáñez, que aquí está;
»tomadlas por vuestra mano y a ellos las debéis dar,
»así como yo las tomo, cual si fuera de verdad [304];
»y en las velaciones, vos las habéis de apadrinar;
»cuando volvamos a vernos me habréis de decir verdad».
Dijo Álvar Fáñez: «Señor, como lo mandáis, se hará».

106

*El Cid se despide del rey.—Regalos.*

TODO esto se dispuso, sabed, con grande cuidado.
El Cid dijo: «Rey Alfonso, señor mío tan honrado,
»de estas vistas, en recuerdo, quiero que me aceptéis algo.
»Traigo treinta palafrenes, todos muy bien pertrechados,
»treinta caballos ligeros, todos muy bien ensillados;
»tomad esto en mi recuerdo, y beso yo vuestras manos».
Dijo el rey: «Con vuestra dádiva, buen Cid, me habéis abrumado:
»gustoso recibo el don con que me habéis obsequiado,
»y plegue al Creador y así les plegue a todos sus santos,
»que este placer que me hacéis sea bien recompensado.
»Mío Cid Rodrigo Díaz, mucho ya me habéis honrado,
»de vos soy tan bien servido que téngome por pagado,
»¡y así se alargue mi vida como quisiera pagaros!
»Al Señor os encomiendo, que de estas vistas me marcho.
»¡Ojalá que el Dios del cielo os ponga a su buen recaudo».

---

[304] El rey hace un simulacro de tomar a las hijas del Cid por la mano para entregarlas a sus esposos, como si estuviera en Valencia efectivamente y ante ellas. Era una entrega simbólica como la de cualquier heredad, que se solía hacer por la entrega de una rama o césped de ella.

## 107

*Muchos del rey van con el Cid a Valencia.—Los infan-*
*tes, acompañados por Pero Bermúdez.*

SOBRE el caballo Babieca el Campeador montó:
«Aquí os lo digo, ante el rey don Alfonso, mi señor:
»quien quiera ir a las bodas a recibir algún don,
»puede venirse conmigo, no habrá de pesarle, no».
    Ya se despide mío Cid de su rey, y su señor
no quiere que lo acompañe, desde allí se separó.
¡Vierais allí caballeros que tan arrogantes son,
besar las manos al rey Alfonso en señal de adiós!
«Hacednos merced, ¡oh rey!, y dadnos vuestro perdón,
»al mando del Cid iremos a Valencia la mayor;
»veremos las bodas de los infantes de Carrión
»con las hijas de mío Cid, doña Elvira y doña Sol.»
Accedió gustoso el rey y a todos marchar dejó;
creció el séquito del Cid mientras el del rey menguó,
pues mucha gente se va con el Cid Campeador.
    Se dirigen a Valencia, la que en buena hora ganó.
Para servir a don Diego y a don Fernando, mandó
a Pero Bermúdez y a Muño Gustioz, a los dos:
en casa de mío Cid no los hubiera mejor,
pues conocen las costumbres que tienen los de Carrión.
Allí iba Asur González [305] bullanguero y decidor;
tan largo de lengua es como corto de valor.
    Grandes honras hacen a los infantes de Carrión.
    Helos llegar a Valencia, la que mío Cid ganó;

---

[305] Asur González era el hermano mayor de los infantes de Carrión, Diego y
Fernando. El juglar le presenta como bullanguero («bullidor»), falso, atrevido y
borracho, con fuertes rasgos caricaturescos. Como sus hermanos, es enemigo
encubierto del Cid. En la historia se identifica este personaje con el hermano
mayor de dichos infantes.

cuando a la ciudad se acercan aún el gozo era mayor.
Dijo mío Cid a Pero y a Muño aquesta razón:
«Dadles un albergue bueno a los condes de Carrión,
»y vos con ellos quedad, que así lo dispongo yo.
»Cuando llegue la mañana, así como apunte el sol,
»han de ver a sus esposas doña Elvira y doña Sol».

## 108

*El Cid anuncia a Jimena el casamiento.*

Todos, en aquella noche, se fueron a sus posadas,
mío Cid Campeador en el alcázar se entraba;
doña Jimena y sus hijas a recibirlo llegaban:
«¿Venís vos, Campeador, que en buena ceñiste espada?
»Por muchos días os vean los ojos de nuestras caras».
«¡Gracias al Creador, vengo a veros, mujer honrada;
»y conmigo os traigo yernos que habrán de daros prosapia;
»agradecédmelo, hijas [306], porque estaréis bien casadas».

## 109

*Doña Jimena y las hijas se muestran satisfechas.*

Besáronle allí las manos la mujer y las dos hijas,
y todas las otras damas por quienes están servidas:
«Agradezco a Dios y a vos, Cid de la barba vellida,
»porque todo lo que hacéis, lo hacéis de muy buena guisa.
»No tendrán mengua de nada en los días de su vida».
«Cuando vos nos caséis, padre, llegaremos a ser ricas.»

---

[306] Aquí les dice que se lo agradezcan sus hijas por no demostrar ante ellas el descontento de aquel concertado casamiento, de cuya responsabilidad más adelante quisiera quedar a salvo. (Versos 4 y siguientes de la serie 110.)

## 110

*El Cid recela del casamiento.*

«Mi mujer, doña Jimena, roguemos al Creador.
»A vos os digo, hijas mías, doña Elvira y doña Sol:
»con estas bodas propuestas ganaremos en honor;
»pero sabed en verdad que no las inicié yo:
»os ha pedido y rogado [307] don Alfonso, mi señor,
»y lo hizo tan firmemente y de todo corazón,
»que a ninguna cosa suya supe decirle que no.
»Os puse, pues, en sus manos, hijas mías, a las dos;
»creedme como os lo digo: él os casa, que no yo.»

## 111

*Preparativos de las bodas.—Presentación de los infantes.—Minaya entrega las esposas a los infantes.—Ben-diciones y misas.—Fiestas durante quince días.—Las bodas acaban.—Regalos a los convida-dos.—El juglar se despide de sus oyentes.*

Dispónense a preparar entonces todo el palacio,
cubriendo el suelo y los muros, todo bien encortinado [308],

---

[307] «Rogador.» Para las bodas se acostumbraba que existiesen los que llama-ban rogadores, o sea, los que pedían a los padres solemnemente la novia para el casamiento. Se encargaban de recibir a la desposada, y eran mediadores en la transmisión de la potestad que sobre ella se concedía al esposo o pretendiente. Aquí dice el Cid que el mismo rey había sido rogador de estas bodas, con lo que deja a salvo su responsabilidad en aquellos matrimonios de los que siempre rece-la. Todo el parlamento del Cid es una plática íntima en el seno de la familia, a la que el héroe manifiesta sinceramente su opinión.

[308] Para la celebración de grandes solemnidades solían cubrirse de tapices los muros de los palacios. Los tapices de pared se usaban desde muy antiguo, pero —según el poema— también por los suelos se pusieron tapices, lo cual no era costumbre de los cristianos, sino uso tomado de los pueblos orientales, y en este caso por influencia musulmana.

con púrpuras y con telas de seda y paños preciados.
Con cuánto gusto estuvierais y comierais en palacio.
Los caballeros del Cid aprisa se van juntando.
    Por los condes de Carrión los caballeros marcharon;
ya cabalgan los infantes en dirección a palacio,
con sus buenas vestiduras ricamente ataviados;
en el alcázar, a pie, ¡Dios, qué bellamente entraron!
Los recibió mío Cid en medio de sus vasallos;
al Cid y a doña Jimena los infantes saludaron,
y se fueron a sentar luego en magnífico escaño.
Todos los de mío Cid con prudencia lo observaron
mirando con atención a su señor bienhadado.
    El Campeador, entonces en pie húbose levantado:
«Puesto que lo hemos de hacer, ¿por qué irlo retardando?
»Venid vos acá, Álvar Fáñez, a quien tanto quiero y amo;
»aquí tenéis a mis hijas, póngolas yo en vuestra mano;
»sabed que el rey don Alfonso así se lo ha otorgado,
»y no quisiera faltarle en aquello concertado:
»dádselas a los infantes de Carrión con vuestra mano,
»reciban la bendición y vayamos despachando».
Entonces dijo Minaya: «Harelo de muy buen grado».
Ellas se ponen en pie y él las cogió de la mano,
y a los de Carrión, así, Minaya les iba hablando:
«He aquí que ante Minaya ahora estáis los dos hermanos.
»Por mano del rey Alfonso, que a mí me lo hubo mandado,
»os entrego a estas dos damas [309] que las dos son hijasdalgo,
»tomadlas, pues, por esposas a vuestro honor y cuidado».
Los infantes las reciben con amor y de buen grado,
y a mío Cid y a su esposa van a besarles la mano.

_____

[309] Aquí tiene lugar la ceremonia civil de las bodas, en la que Minaya, en nombre del rey, entrega los esposos a sus prometidas, según se acordó. (Verso 7 de la serie 105.) Esta ceremonia precedía a la religiosa, que se celebra después en la iglesia mayor, donde el obispo don Jerónimo oficia en el casamiento sacramental.

Cuando aquesto hubieron hecho se salieron de palacio,
y a Santa María todos de prisa se encaminaron;
el obispo don Jerónimo se revistió apresurado,
y en la puerta de la iglesia ya los estaba esperando;
las bendiciones les dio y la misa hubo cantado.
A la salida del templo, se dirigen cabalgando
al Arenal de Valencia, donde todos hacen alto [310].
¡Dios qué bien jugaron armas mío Cid y sus vasallos!
El que en buen hora nació llegó a cambiar tres caballos.
Mío Cid, de cuanto viera, mucho se iba alegrando;
los infantes de Carrión cual jinetes se mostraron [311].
De regreso, con las damas, en Valencia ya han entrado;
muy ricas fueron las bodas en el alcázar honrado,
y al día siguiente el Cid mandó alzar siete tablados [312]:
y antes de comer, las tablas de los siete derribaron.
Quince días bien cumplidos [313] aquellas bodas duraron,
y pasados quince días ya se marchan los hidalgos.
Mío Cid Rodrigo Díaz de Vivar el bienhadado,
entre mulas, palafrenes y corredores caballos,
y otras bestias hasta cien lo menos ha regalado;
y además, mantos, pellizas y vestidos muy sobrados;

[310] Celebrada la boda religiosa, va la comitiva al Arenal, donde los caballeros hacen un espectacular juego de armas, en el que el Cid muestra su destreza hasta fatigar tres caballos. Recuérdese la habilidad del Campeador en jugar las armas y en correr caballos. (Nota 245 y la prosa del principio de la serie 150, respectivamente.)

[311] Es de advertir que aquí el juglar, que nunca tuvo palabras de elogio para los infantes, dice que se mostraron buenos jinetes en esta ocasión; pero ello está dicho para que contraste más al comparar sus buenas cualidades hípicas con la cobardía guerrera de que han de dar muestras después.

[312] Siguen los juegos de armas en los castillejos y tablados de madera, de que ya se habló en la nota 232.

[313] Los festejos de las bodas solían prolongarse una o varias semanas, según costumbre, que llegó a ser tan abusiva que en el siglo XIII tuvieron que prohibir las leyes estos excesos.

[314] Costumbre era que no solo los padres, sino los parientes y aun los amigos de la novia obsequiasen pródigamente a los convidados a las bodas.

y esto sin tener en cuenta los haberes monedados.
Los vasallos de mío Cid todos se juramentaron
y cada uno por sí obsequió a los castellanos [314].
El que algo quiere llevarse, cuanto quiso le entregaron;
ricos tornan a Castilla los que a las bodas llegaron.
Y a sus tierras ya se vuelven los que fueron invitados,
despidiéndose del Cid Campeador bienhadado
así como de las damas y de todos los hidalgos;
agradecidos se marchan del Cid y de sus vasallos.
Al regreso hablan bien de ellos y de cómo los trataron.
También estaban alegres don Diego y don Fernando,
los infantes de Carrión hijos del conde Gonzalo [315].
Llegados son a Castilla los huéspedes invitados;
mío Cid y sus dos yernos en Valencia se han quedado.
Allí viven los infantes bien cerca de los dos años [316],
y en Valencia, todo el mundo les iba haciendo agasajo.
Alegre estaba mío Cid como todos sus vasallos.

[315] El conde Gonzalo es el padre de los infantes de Carrión, hermano de Per Ansúrez. (Véase nota 416.) Uno de los personajes más destacados del bando de los de Carrión y enemigo del Cid, como se verá más adelante. Históricamente concuerda su personalidad con los testimonios que de él dan las crónicas de su tiempo. El conde Gonzalo fue, históricamente, un ilustre leonés perteneciente a la familia de los Beni-Gómez de Carrión, que, según la historia, fue padre de Fernando y Diego, los impropiamente llamados infantes de Carrión en el poema.

[316] El juglar, que tan escrupulosamente va narrando los acontecimientos de la vida del Cid, corta la narración, y con esta frase, «bien cerca de dos años», deja suponer que la vida fluye tranquila en Valencia, sin acontecimiento notable, hasta que, en el cantar tercero, comienzan a moverse de nuevo escenas de guerra al hablar de la batalla contra el rey Búcar. La vida de los infantes al lado de sus mujeres, en Valencia, es apacible, hasta que el episodio del Icón —con que comienza el cantar siguiente— pone de manifiesto la cobardía de los de Carrión en la corte, comprobada después en el campo de batalla.

¡Quiera la Virgen María, así como el Padre santo,
que salga bien de estas bodas quien las hubo concertado! [317].
Las coplas de este cantar aquí se van acabando.
Que Dios Creador nos valga junto con todos sus santos.

---

[317] Con esta exclamación hace el juglar despertar el interés de los oyentes sobre el resultado de aquellas bodas de las hijas del Cid, cuyo desenlace ha de verse en el cantar siguiente, y a cuya audición invita el juglar de esta manera, dando así por acabado el cantar segundo sobre las bodas de las hijas del Campeador.

# Cantar tercero

# La afrenta de Corpes

112

*Suéltase el león del Cid.—Miedo de los infantes de Carrión.—El Cid amansa al león.—Vergüenza de los infantes.*

En Valencia está mío Cid [318] y con él los suyos son,
y también sus ambos yernos los infantes de Carrión.
Acostado en un escaño dormía el Campeador.
Sabed la mala sorpresa [319] que a todos aconteció:

[318] Con este verso se reanuda la narración del poema. En el verso 66 de la serie 111 dejó el juglar al Cid y a sus gentes en la vida cotidiana de Valencia, donde moraron «cerca de dos años», sin que acontecimiento alguno turbara el vivir de la corte y de la ciudad. En este verso repite el juglar que seguían en Valencia el Cid y los suyos, y con ellos los de Carrión, en cuyos personajes va a proseguirse el desenvolvimiento de la narración del poema.

[319] El episodio que desde este verso se narra es completamente novelesco, como el de las arcas de arena. El tema, como aquel, no es nuevo en la literatura medieval, y este llega hasta tiempos bien recientes. En poemas épicos franceses y en otros pueden verse escenas parecidas que se repiten hasta constituir lugar común en la épica genérica medieval. En el mismo *Quijote* hay una escena en la que don Quijote se enfrenta con un león; pero el fin que estas narraciones se proponen es el de demostrar el valor del hombre frente al fiero animal, contrastando la superioridad del valor humano. Aquí el juglar no tiene este propósito —que, sin duda, cumple también—, sino el de demostrar la cobardía de los de Carrión, que aquí queda bien patente y pública ante la corte del Cid. A partir de este episodio, nadie, entre los vasallos del Campeador, tendrá ya respeto a aquellos infantes orgullosos, a quienes todo el pueblo de Valencia demostró respeto hasta este momento. La vergüenza por la que hubieron de pasar los de Carrión ante toda la corte hace que los infantes, heridos en su amor propio, comiencen a maquinar la

escapose de su jaula, desatándose, un león [320].
Al saberlo, por la corte un grande miedo cundió.
Embrazan sus mantos las gentes del Campeador
y rodean el escaño donde duerme su señor.
Pero Fernando González, un infante de Carrión,
no encontró dónde esconderse ni sala ni torre halló;
metiose bajo el escaño, tanto era su pavor.
El otro, Diego González, por la puerta se salió
gritando con grandes voces: «No volveré a ver Carrión» [321].
Tras la viga de un lagar metiose con gran terror,
de donde manto y brial [322] todo sucio lo sacó.
     En esto despertó el Cid, el que en buen hora nació,
viendo cercado su escaño de su servicio mejor:
«¿Qué es esto, decid, mesnadas? ¿Qué hacéis a mi alrededor?».
     «Señor honrado —le dicen—, gran susto nos dio el león.»
Mío Cid hincó su codo y presto se levantó,
el manto colgado al cuello, se dirigió hacia el león.
Cuando el león le hubo visto, intimidado quedó,
y frente al Cid la cabeza bajando, el hocico hincó.
Mío Cid Rodrigo Díaz por el cuello lo cogió,

venganza, germinando en ellos la afrenta que han de llevar a cabo villanamente
en el robledo de Corpes, y que constituye el nudo novelístico de este tercer can-
tar del poema. El *Romancero* ha de repetir ahincadamente este episodio del león,
al que irá añadiendo nuevos detalles, algunos de ellos cómicos en extremo. En él
también tomará tema Que-vedo para un romance artístico, y, modernamente,
Victor Hugo se inspirará para una poesía suya exaltando la figura del Cid fren-
te al león desmandado.

[320] Costumbre era de señores tener en sus palacios leones y fieras enjaulados,
y era muy verosímil que así los tuviese el Cid, máxime teniendo en cuenta el
contacto con los árabes, cuyos grandes señores tenían esta costumbre muy gene-
ralizada.

[321] Ante cualquier peligro, los infantes suspiran por su Carrión. Así lo expone
el juglar para hacer resaltar la cobardía de aquellos nobles felones. Esta excla-
mación la repiten otras veces, como puede verse en el verso 8 de la serie 114.

[322] Manto y brial. Brial era una especie de túnica que cubría desde los hom-
bros hasta casi los tobillos, con mangas o sin ellas. Se colocaba encima de la
camisa y debajo del pellizón. (Para manto, véase la nota 19.)

y llevándolo adiestrado en la jaula lo metió.
Por maravilla lo tienen cuantos circunstantes son.
y se vuelven a palacio llenos de estupefacción.
   Mío Cid por sus dos yernos preguntó y no los halló,
y a pesar de que los llama, ninguno le respondió.
Cuando, al fin, los encontraron, los hallaron sin color;
nunca vieron por la corte tanta burla y diversión,
hasta que impuso silencio a todos el Campeador.
Avergonzados estaban los infantes de Carrión,
y resentidos quedaron por aquello que ocurrió.


## 113

*El rey Búcar, de Marruecos, ataca a Valencia.*

ELLOS, estando en tal trance, tuvieron un gran pesar;
fuerzas de Marruecos llegan para a Valencia cercar;
sobre los campos de Cuarte [323] las tropas van a acampar,
cincuenta mil tiendas grandes ya plantadas allí están:
eran fuerzas del rey Búcar, si de él oísteis hablar [324].


## 114

*Los infantes temen la batalla.—El Cid los reprende.*

ELLO al Cid y a sus varones alegra de corazón,
pues les traerá ganancias, y lo agradecen a Dios.
Mas, sabed, que ello les pesa a los condes de Carrión;

[323] Cuarte. Sobre este pueblo y su nombre puede verse la nota 263 al verso 1 de la serie 95.
[324] «Si de él oísteis hablar.» Es frase común en la poesía medieval para ponderar algún alto personaje. Búcar es el jefe de una nueva expedición de los almorávides contra el Cid, que llega a tierras valencianas con gran arrogancia, cre-

que el ver tanta tienda mora grande disgusto les dio.
Ambos hermanos aparte así se hablaban los dos:
«Calculamos la ganancia, pero la pérdida, no [325];
»ahora, en esta batalla, habremos de entrar los dos;
»esto está determinado para no ver más Carrión,
»viudas habrán de quedar las hijas del Campeador».
Aunque en secreto lo hablaron, Muño Gustioz los oyó [326],
y fuese a darle la nueva a mío Cid Campeador:
«He aquí a vuestros yernos que tan atrevidos son,
»que por no entrar en batalla ahora piensan en Carrión.
»Marchad, pues, a consolarlos y así os valga el Creador,
»y en paz queden y en la lucha no hayan participación.
»Nosotros los venceremos y nos valdrá el Creador».
Mío Cid Rodrigo Díaz sonriéndose salió:
«Dios os salve, yernos míos, los infantes de Carrión,
»en brazos tenéis mis hijas, que son blancas como el sol.
»Yo solo pienso en batallas y vosotros en Carrión,
»quedaos, pues, en Valencia a vuestro mejor sabor [327].

yendo que puede vencer con facilidad al Campeador, al que intima a rendirse antes de comenzar la batalla, que, una vez empezada, pierde, teniendo que huir despavorido. Históricamente no se ha podido identificar este personaje, que quizá fuese uno de los Abu Beker, cuñado del emperador Yúsuf. Aquí se le llama rey, pero ya se sabe que esta palabra en el uso árabe venía a tener la equivalencia de jefe militar o emir.

[325] Aquí vuelven los infantes de Carrión a manifestar ante la batalla su miedo a perder las vidas. Recuérdense los versos 54 y 4 de las series 82 y 102, respectivamente, en que apetecen las riquezas del Cid, mas sin reparar en los sacrificios que ahora se les presentan.

[326] Recuérdese que Muño Gustioz era el encargado por el Cid de acompañar y servir a los infantes. (Versos 18 y 26 de la serie 107.)

[327] Según el *Fuero* de León y de Carrión, los caballeros estaban dispensados de ir a la guerra durante un año a partir del día de su boda. Más tiempo hacía que se celebraron las de los de Carrión con las hijas del Cid. (Véase nota 316.) Mas, no obstante, este les ofrece generosamente que pueden quedarse en el alcázar y no salir a la batalla, lo que mortifica el orgullo de los infantes, que deciden tomar parte en la lucha para aparentar el valor del que estaban faltos.

»que del enemigo moro ya entiendo bastante yo.
»ya vencerlo yo me atrevo con la merced del Creador» [328].


## 115

*Mensaje de Búcar. Espolonada de los cristianos.—Co-bardía del*
*infante Fernando* (Laguna del manuscrito; cin-cuenta versos
que se suplen con el texto de la *Crónica de Veinte Reyes*).—
*Generosidad de Pero Bermúdez.*

CUANDO estaban hablando de esto, envió el rey Búcar a decir al
Cid que le dejase Valencia y se fuese en paz, si no que le pesa-
ría cuanto había hecho. El Cid dijo a aquel que le trajo el men-
saje: «Id a decir a Bú-car, aquel hijo de enemigo, que antes de
estos tres días ya le daré yo lo que él pide».

Al otro día, mandó el Cid armar a todos los suyos y salió
contra los moros. Los infantes de Carrión pidiéronle entonces
la delantera [329], y después que el Cid tuvo preparadas sus filas,
don Fernando, uno de los infantes, adelantose para atacar a un
moro llamado Aladraf. El moro, cuando lo vio, se fue contra
él; y el infante tomole tan gran miedo, que volvió la rienda y
huyó sin osar esperarlo.

Pero Bermúdez, que estaba cerca de él, cuando aquello
vio, fue a atacar al moro, y luchó con él y lo mató. Después cogió

---

[328] A partir de este verso hay una laguna en el único manuscrito conocido del
poema, por faltar la hoja penúltima del cuaderno séptimo. Equivale a cincuen-
ta versos perdidos, que Menéndez Pidal, en su reconstrucción del poema, suple
con la prosa correspondiente a este pasaje de la *Crónica de Veinte Reyes de Castilla*,
según se hizo también para suplir la falta de la primera hoja del manuscrito.
Siguiendo el criterio general adoptado, modernizo la prosa del texto de dicha
crónica aquí incluido.

[329] Delantera, esto es: el derecho a dar lo que se llamaba en el lenguaje mili-
tar «las primeras heridas». (Véanse notas 262, 335 y 450.) Así lo hacen los infan-
tes para demostrar valor ante su suegro y contrarrestar la fama de cobardes que
comenzaba a cundir por todas partes.

el caballo del moro y se fue tras el infante, que iba huyendo, y le dijo: «Don Fernando, tomad este caballo, y decid a todos que vos matasteis al moro de quien era, y yo lo atestiguaré con vos.» El infante le dijo: «Don Pero Bermúdez, mucho os agradezco lo que decís:

»ojalá vea la hora [330] en que yo pueda pagaros».
Y el infante, con don Pero juntos se volvieron ambos.
Así lo afirma don Pero, como lo cuenta Fernando [331].
Plugo esto a mío Cid como a todos sus vasallos:
«Aun, si Dios así lo quiere y el Padre que está en lo alto,
»mis dos yernos algún día buenos serán en el campo».
          Mientras esto va diciendo, las gentes ya van llegando,
y la hueste de los moros va los tambores sonando;
por maravilla lo tienen casi todos los cristianos,
que nunca lo habían visto los últimos que llegaron [332].
Más que todos maravíllanse don Diego y don Fernando,
que por su voluntad propia no se hubieran acercado.
Oíd, pues, lo que dijera mío Cid el bienhadado:
«Ven acá, Pero Bermúdez tú mi buen sobrino caro,
»cuídame bien a don Diego y cuídame a don Fernando,
»mis yernos ambos a dos, porque yo mucho los amo,
»que los moros, si Dios quiere, no quedarán en el campo».

---

[330] «Así vea yo la hora en que merezca de vos doble.» Esto es: «ojalá os pueda pagar con creces esto que por mí hacéis». Al final del poema, cuando Bermúdez desafía al infante, ha de echarle en cara esa cobardía suya y la humillación de haber tenido que recurrir al favor que ahora le hace don Pero. (Versos 10 al 19 de la serie 143.)

[331] Esto es: Bermúdez asiente a cuanto dice el infante, a pesar de saber la actuación cobarde del de Carrión, mas con el fin de que el Cid no se entere del miedo de su yerno.

[332] Recuérdese que los tambores eran instrumentos de guerra usados por los moros y desconocidos de los cristianos.

116

*Pero Bermúdez se desentiende de los infantes.—Minaya y don*
*Jerónimo piden el primer puesto en la batalla.*

«Os digo yo, mío Cid, y os pido por caridad,
»que este día a los infantes no me obliguéis a cuidar [333],
»cuídese de ellos quienquiera, que a mí ¡poco se me da!
»Yo con los míos quisiera en la vanguardia atacar,
»y vos con los vuestros, firmes a retaguardia quedad;
»y si hubiere algún peligro, bien me podréis ayudar.»
  En esto llegó Minaya Álvar Fáñez, para hablar:
«Oíd lo que ahora os digo, Cid Campeador leal:
»esta batalla que empieza es el Señor quien la hará,
»y vos, tan digno, tenéis su bendición celestial.
»Mandadnos, pues, mío Cid, como quisieseis mandar,
»que el deber de cada uno cumplido habrá de quedar.
»Hemos de ver cómo Dios de ventura os colmará».
Mío Cid dijo: «No hay prisa, aún podemos esperar».
  El obispo don Jerónimo, que muy bien armado va,
se paró ante mío Cid, con deseos de luchar:
«Hoy os he dicho la misa de la Santa Trinidad;
»y si salí de mi tierra y hasta aquí os vine a buscar,
»es por cumplir el deseo de algunos moros matar:
»que mi orden [334] y mis manos así yo quisiera honrar,
»y en esta batalla quiero ser quien empiece a atacar [335].

---

[333] Recuérdese que a Muño Gustioz y a Bermúdez mandó el Cid cuidar de
los de Carrión. (Versos 18 y 26 de la serie 137.) Aquí Bermúdez le pide a su señor
que le releve de esta obligación que tan poco grata le es.

[334] «Mi orden.» Alusión aquí a la orden a que pertenecía don Jeró-nimo, que
debió de ser la de los monjes cistercienses de Cluny.

[335] Desea ser el que haga «las primeras heridas» en la batalla, como en la
librada contra Yúsuf. (Nota 262.)

»Traigo yo pendón con corzas [336] en mis armas por señal,
»y si pluguiera al Señor, yo las quisiera probar
»y mi corazón así mucho habríase de holgar,
»y vos, mío Cid, podríais de mí satisfecho estar.
»Si este favor no me hacéis de aquí quisiera marchar».
Entonces, dijo mío Cid: «Lo que vos queréis, será.
»Ya se divisan los moros, las armas podéis probar,
»nosotros de aquí veremos cómo pelea el abad».


117

*El obispo rompe la batalla.—El Cid acomete.—Invade
el campamento de los moros.*


EL obispo don Jerónimo tomó una buena arrancada [337]
y fue a atacar a los moros al campamento en que estaban.
Por la suerte que le cupo y porque Dios lo amparaba,
a los dos primeros golpes que dio, dos moros matara.
Como el astil ha quebrado, echole mano a la espada [338].
Esforzábase el obispo, ¡Dios, y qué bien que luchaba!
Dos moros mató con lanza y otros cinco con la espada.
Como los moros son muchos, en derredor lo cercaban,
y aunque le dan grandes golpes, no logran quebrar sus armas.


[336] Alusión al emblema usado por don Jerónimo. «Parece ser —dice Menéndez Pidal— que el obispo llevaba pintadas unas corzas en su pendón. Cada caballero usaba su emblema peculiar para que lo pudieran reconocer y seguir los que estaban a ello obligados.» Estos emblemas no eran todavía hereditarios y privativos de cada familia, como después, en que constituyeron símbolo heráldico familiar.

[337] Esto es, tomó la iniciativa del ataque para dar las primeras heridas. La arremetida la llevaban a cabo unos cuantos caballeros, yendo a atacar al enemigo en sus propias líneas.

[338] En el combate se usaba la lanza; solo cuando ella se rompía se solía emplear la espada, que para ello se llevaba a prevención.

El que en buen hora nació sus dos ojos le clavaba,
embrazó el escudo y luego bajó el astil de la lanza,
aguijoneó a Babieca, el caballo que bien anda,
y fue a atacarlos con todo su corazón y su alma.
Entre las filas primeras el Campeador entraba,
abatió a siete por tierra y a otros cuatro los matara.
Plugo a Dios que la victoria fuese ese día ganada.
Mío Cid con sus vasallos al enemigo alcanzaba;
vierais quebrarse las cuerdas y arrancarse las estacas [339],
y los labrados tendales [340] que las tiendas sustentaban.
Los del Cid a los de Búcar de las tiendas los echaban.


## 118

*Los cristianos persiguen al enemigo.—El Cid alcanza*
*y mata a Búcar.—Gana la espada Tizona.*

Los arrojan de sus tiendas y ya alcanzándolos van;
tantos brazos con loriga vierais como caen ya [341],
tantas cabezas con yelmo por todo el campo rodar,
caballos sin caballeros ir por aquí y por allá.
Siete millas bien cumplidas se prolongó el pelear.
Mío Cid Campeador a Búcar llegó a alcanzar:
«Volveos acá, rey Búcar, que venís de allende el mar,
»a habéroslas con el Cid de luenga barba, llegad,

---

[339] Esta descripción de la batalla se repite varias veces de la misma o pareci-
da manera. Recuérdense los versos 15 y 16 de la serie 68 y la nota 192.

[340] Los tendales que sostenían las tiendas eran labrados y adornados con labo-
res costosas, y hasta los había con adornos de oro y plata. Recuérdense los des-
critos en el verso 73 de la serie 95.

[341] Descripción estereotipada usada en algunas gestas francesas, como obser-
va Menéndez Pidal.

»que hemos de besarnos ambos [342] para pactar amistad».
Repuso Búcar al Cid: «Tu amistad confunda Alá.
»Espada tienes en mano y yo te veo aguijar:
»lo que me hace suponer que en mí quiéresla probar.
»Mas si este caballo mío no me llega a derribar,
»conmigo no has de juntarte hasta dentro de la mar».
Aquí le repuso el Cid: «Eso no será verdad».
Buen caballo lleva Búcar y muy grandes saltos da,
pero Babieca el del Cid alcanzándolo va ya.
Mío Cid alcanzó a Búcar a tres brazas de la mar,
alzó en alto su Colada y tan gran golpe le da
que los carbunclos del yelmo todos se los fue a arrancar
cortole el yelmo y con él la cabeza por mitad,
hasta la misma cintura la espada logró llegar [343].
Así mató el Cid a Búcar, aquel rey de allende el mar,
por lo que ganó a Tizón [344] que mil marcos bien valdrá.
Venció así la gran batalla maravillosa y campal,
honrándose así mío Cid y a cuantos con él están.

[342] «Nos besaremos», esto es, «haremos el signo o fórmula de pactar amistad», que, como se ha dicho, consistía en el beso. (Verso de la nota 418 y en otros lugares del poema.)

[343] Las espadas de combate eran tan pesadas que bien podían, por su peso, hendir una persona y rajarla hasta la silla del caballo.

[344] Ya se ha visto la gran estima en que se tenían estas armas de lujo conquistadas como trofeo al enemigo. Al conde de Barcelona ganó el Cid la espada Colada, y ahora al rey Búcar le gana la llamada Tizón, magnífica pieza de armería que bien podía considerarse como una joya, ya que podría valer —según dice el juglar— hasta mil marcos de oro. Esta gloriosa espada, conservada después en la armería real de Aragón, fue usada, dos siglos después, por el rey don Jaime I en la conquista de Valencia, dándole así un valor simbólico al usarla. Actualmente se halla en el Museo de Artillería de Madrid.

## 119

*Los del Cid vuelven del alcance.—El Cid, satisfecho de sus yer-*
*nos; estos, avergonzados.—Ganancias de la*
*victoria.*

Del campo se vuelven ya con todo lo que ganaron,
a su paso recogiendo lo que encuentran por el campo.
A las tiendas llegan todos, al señor acompañando
mío Cid Rodrigo Díaz el Campeador nombrado,
que vuelve con sus espadas [345], las dos que él estima tanto.
Por la matanza venía el Campeador cansado,
la cara trae descubierta, con el almófar [346] quitado,
la cofia a medio caer sobre el pelo descansando.
De todas las partes van acudiendo sus vasallos;
algo ha visto mío Cid Rodrigo que le ha gustado,
alzó la vista y quedose fijamente contemplando
cómo llegaban sus yernos don Diego y don Fernando,
ambos son hijos de aquel conde llamado Gonzalo.
Alegrose el Cid y así sonriente, les va hablando:
«¿Sois vosotros, yernos míos? Por hijos os cuento a ambos.
»Bien sé que estáis de luchar satisfechos y pagados».
Álvar Fáñez de Minaya en este punto ha llegado,
el escudo lleva al cuello [347] todo lleno de espadazos,

[345] Estas espadas, Colada y Tizón, adquieren un valor simbólico a lo largo
del poema; son trofeos de guerra, donación del héroe a sus yernos, e instrumen-
to de la venganza del Cid contra la alevosía de los de Carrión, finalmente.

[346] Llega con la cara descubierta y el almófar quitado. Almófar era una espe-
cie de capucha formada por la prolongación de la loriga, que se colocaba sobre
la cabeza debajo del yelmo, al que se sujetaba por las moncluras.

[347] El escudo al cuello. Después de las batallas, y cuando iban de carrera los
caballeros, solían colgarse el escudo al cuello a fin de tener más libres las manos
y dominar mejor la cabalgadura. Como el escudo solía ser de madera, en ella
quedan las huellas de los espadazos y lanzadas que dicha arma defensiva recibía
en la lucha.

las lanzadas recibidas no le hicieron ningún daño,
porque aquellos que lo hirieron no lograron alcanzarlo.
Por su codo abajo, va ya la sangre chorreando
de veinte moros o más que él había rematado [348]:
«¡Gracias a nuestro Señor, el Padre que está en lo alto,
»y a vos, mío Cid de Vivar Campeador bienhadado!
»Matasteis vos al rey Búcar y la batalla ganamos.
»Para vos, pues, estos bienes y para vuestros vasallos.
»Ya vuestros yernos, señor, su valor han demostrado,
»hartos de luchar con moros, de la batalla en el campo».
Dijo mío Cid: «Me place el que así se hayan portado,
»si ahora son buenos, mañana serán aun más esforzados».
De verdad lo dijo el Cid, mas ellos lo creen escarnio [349].
Todas aquellas ganancias a Valencia van llegando,
y alegre está mío Cid como todos sus vasallos,
que por ración cada uno alcanzó seiscientos marcos [350].

Los yernos de mío Cid la parte hubieron tomado
que les tocó del botín y la ponen a recaudo,
pensando que ya en sus días de nada serán menguados.
Cuando a Valencia volvieron, de gala se ataviaron,
comieron a su placer, lucieron pieles y mantos.
Muy contento está mio Cid como todos sus vasallos.

[348] Cuando se usaba la espada en el combate, si se hería con ella al adversario, su sangre podía correr a lo largo de la espada por la canal que en el centro tenía, llegando la sangre a manchar la mano del agresor hasta llegar al codo.

[349] El Cid dice esto de buena fe, pero los infantes, con el remordimiento de su mala conducta, toman las palabras del héroe como escarnio, lo que les hace ir elaborando con más ahínco su infame propósito de venganza.

[350] El botín se solía dividir en raciones que se repartían luego proporcionalmente entre todos los combatientes.

## 120

*El Cid satisfecho de su victoria y de sus yernos.* (Repetición)

Gran día fue aquel en la corte del Campeador
por la victoria ganada a Búcar, que el Cid mató.
Alzó mío Cid la mano y la barba se cogió:
«Gracias a Cristo —decía—, que es de este mundo Señor,
»pues logro ver todo aquello que tanto anhelaba yo,
»que lidiaran a mi lado mis yernos ambos a dos;
»buenas nuevas mandaré de mis yernos a Carrión,
»que cuenten en honra suya su conducta y su valor».

## 121

*Reparto del botín.*

Sobradas son las ganancias que todos han alcanzado,
lo uno era de ellos ya lo demás tiénenlo a salvo.
Mandó mío Cid don Rodrigo de Vivar el bienhadado,
que de todo aquel botín que en la batalla han ganado,
todos tomasen la parte que les toca en el reparto,
y el quinto de mío Cid no se dejase olvidado.
Todos así lo cumplieron como habíase acordado.
La quinta de mío Cid eran seiscientos caballos
y acémilas de otras clases y camellos tan sobrados,
que de tantos como había no podían ni contarlos.

## 122

*El Cid, en el colmo de su gloria, medita dominar a Marruecos.—*
*Los infantes, ricos y honrados en la corte*
*del Cid.*

TODAS aquestas ganancias hizo el Cid Campeador.
«¡Gracias a Dios de los cielos, que es de este mundo Señor,
»que si hasta aquí vine pobre, ahora ya rico soy,
»poseo tierras, dinero, bienes de oro y honor [351],
»y puedo contar por yernos a los condes de Carrión;
»y venzo en cuantas batallas lucho, cual place al Señor,
»a los moros y cristianos yo les infundo pavor.
»Allá en tierras de Marruecos, donde las mezquitas son,
»se teme que alguna noche pudiera asaltarlas yo [352],
»ellos así se lo temen aunque no lo pienso, no;
»no habré de ir a buscarlos, porque aquí en Valencia estoy,
»pero me habrán de dar parias, con ayuda del Creador,
»que me pagarán a mí o a quien designare yo.»
    Grandes son los regocijos en Valencia la mayor
de todas las compañías de mío Cid Campeador
por esta grande victoria alcanzada con tesón;
grande es también la alegría de sus dos yernos, los dos:
ganaron cinco mil marcos de oro de gran valor;
por eso se creen ricos los infantes de Carrión.
    Ellos y otros a la corte llegaron del Campeador
donde estaba don Jerónimo, el obispo de valor,
y aquel bueno de Álvar Fáñez, caballero luchador,

[351] «Honor» significa aquí tanto como heredades, posesiones o feudos, como en los versos 5 y 22 de las series 22 y 47, respectivamente.
[352] En Marruecos temen que el Cid les ataque, ya que cuantas veces intentaron los almorávides darle batalla salieron vencidos por el Cam-peador. Este no piensa invadir la tierra africana, aunque sí hacerles pagar parias a él o a quien designare.

y otros muchos caballeros que crio[353] el Campeador.
Cuando entraron en la corte los infantes de Carrión,
fue a recibirlos Minaya en nombre de su señor:
«Venid acá, mis cuñados[354], y nos daréis más honor».
Tan pronto como llegaron se alegró el Campeador:
«Aquí tenéis, yernos míos, mi mujer, dama de pro,
»y aquí están también mis hijas, doña Elvira y doña Sol,
»que desean abrazaros y amaros de corazón.
»¡Gracias a Santa María Madre de nuestro Señor!
»Que estos vuestros casamientos os sirven de gran honor,
»ya enviaré buenas nuevas a las tierras de Carrión».

### 123

*Vanidad de los infantes.—Burlas de que ellos son objeto.*

A estas palabras repuso el infante don Fernando:
«Gracias a Dios creador y a vos, Campeador honrado,
»tantos bienes poseemos que no podemos contarlos;
»por vos ganamos en honra y por vos hemos luchado,
»y vencimos a los moros y en la batalla matamos[355]
»al rey Búcar de Marruecos, que era un traidor probado.
»Pensad en lo vuestro, Cid; lo nuestro está a buen recaudo».
Los vasallos de mío Cid sonríen, esto escuchando:

[353] «Crio.» Recuérdese que los grandes señores, como los reyes, acostumbraban tener a los hijos de los nobles en sus palacios para que se educaran en el ambiente de corte.

[354] «Cuñado.» Quiere decir aquí simplemente pariente, ya que no puede darse a esta palabra el significado actual, como se ve por el sentido.

[355] Nótese que Fernando, cínicamente, dice que «matamos» al rey Búcar. Con todos estos detalles va el juglar haciendo el retrato moral de los condes. Contrasta esta fanfarronada con lo que dice Minaya al Cid: «Matasteis vos al rey Búcar». (Verso 29 de la serie 119.) La baladronada de Fernando hace reír a los cortesanos, que saben la verdad de la cobardía del conde.

ellos lucharon con furia al enemigo acosado,
mas no hallaron en la lucha a don Diego y don Fernando.
Por todas aquestas burlas que les iban levantando,
y por las risas continuas con que iban escarmentándolos,
los infantes de Carrión se van mal aconsejando.
Retíranse a hablar aparte porque son dignos hermanos.
En aquello que cavilan parte alguna no tengamos [356].
«Vayámonos a Carrión, que tiempo asaz aquí estamos,
»las ganancias que tenemos habrán, tal vez, de sobrarnos,
»y no podremos gastarlas mientras tanto que vivamos.»

## 124

*Los infantes deciden afrentar a las hijas del Cid.—Piden al Cid sus
mujeres para llevarlas a Carrión.—El Cid accede.—Ajuar que da
a sus hijas. Los infantes dispónense a marchar.—Las hijas despí-
dense del padre.*

«Pidamos nuestras mujeres al buen Cid Campeador [357];
»digamos que las llevamos a las tierras de Carrión,
»para enseñarles las tierras que sus heredades son.
»Saquémoslas de Valencia del poder del Campeador,
»y después, en el camino, haremos nuestro sabor
»antes de que nos retraigan el asunto del león.
»Nosotros somos de sangre de los condes de Carrión.

[356] El juglar, como en un aparte, declara no querer tener participación en la maldad que proyectan los infantes: tal es la repugnancia que le causa la traición proyectada.

[357] A pesar de cambiar de asonancia, sigue el parlamento de los infantes, en el que plantean la afrenta que piensan hacer a las hijas del Cid. Ambos hablan y dicen lo mismo, asintiendo uno a lo que dice el otro, dando muestras de una manifiesta necedad tanto por lo que dicen como por el modo de decirlo. El pasaje resulta deliberadamente grotesco y de efecto cómico, según el propósito del juglar.

»Las riquezas que llevamos alcanzan grande valor;
»y escarneceremos a las hijas del Campeador.»
»Con estos bienes seremos ricos por siempre los dos,
»y nos podremos casar con hijas de emperador,
»porque por naturaleza somos condes de Carrión.
»Merecen un escarmiento las hijas del Campeador
»antes que ellos nos retraigan la aventura del león.»

Una vez esto acordado entre ambos, tornan los dos
y haciendo callar a todos, así don Fernando habló:
«¡Dios nuestro Señor os valga, mío Cid Campeador!,
»que plazca a doña Jimena y primero os plazca a vos,
»como a Minaya Álvar Fáñez y a cuantos en esta son:
»entregadnos vuestras hijas, que habernos en bendición,
»porque queremos llevarlas a las tierras de Carrión
»que cual arras ya les dimos, y ahora tomen posesión;
»así verán vuestras hijas las tierras que nuestras son,
»y que serán de los hijos que ellas nos den a los dos».

No recelaba la afrenta mío Cid Campeador:
«Os daré, pues, a mis hijas, con alguna donación;
»vosotros les disteis villas en las tierras de Carrión,
»yo por ajuar [358] quiero darles tres mil marcos de valor
»y mulas y palafrenes que muy corredores son
»y caballos de batalla para que montéis los dos
»y vestiduras de paño y sedas de ciclatón [359];
»os daré mis dos espadas, la Colada y la Tizón,
»las que más quiero, y sabed que las gané por varón;
»por hijos os considero cuando a mis hijas os doy;
»con ellas sé que os lleváis las telas del corazón.
»Que lo sepan en Galicia, en Castilla y en León

[358] El «ajuar» viene a ser el conjunto de bienes que los padres dan a la hija cuando contrae matrimonio.

[359] «Ciclatón.» Tela de seda entretejida con oro o plata. De ella solían hacerse los briales masculinos y femeninos, y era tan generalizado el uso de esta tela, que muchas veces se solía llamar ciclatón al brial.

»que con riquezas envío a mis yernos ambos dos.
»A mis dos hijas servid, que vuestras mujeres son:
»y si así bien lo cumplís, os daré buen galardón».
Así prometen cumplirlo los infantes de Carrión,
y así reciben las hijas de mío Cid Campeador,
comienzan a recibir lo que el Cid les diera en don.
  Cuando ya hubieron tomado todo aquello que les dio,
mandaron cargar los fardos los infantes de Carrión.
Grande animación había en Valencia la mayor;
todos tomaban las armas para despedir mejor
a las hijas de mío Cid que parten para Carrión.
  Ya empiezan a cabalgar para decirles adiós.
Entonces, ambas hermanas, doña Elvira y doña Sol,
se van a hincar de rodillas ante el Cid Campeador:
«Merced os pedimos, padre, así os valga el Creador,
»vos nos habéis engendrado, nuestra madre nos parió;
»delante de ambos estamos, nuestros señora y señor.
»Ahora nos enviáis a las tierras de Carrión,
»y debemos acatar aquello que mandáis vos.
»Por merced ahora os pedimos, nuestro buen padre y señor,
»que mandéis vuestras noticias a las tierras de Carrión».
Abrazolas mío Cid y besolas a las dos.


## 125

*Jimena despide a sus hijas.—El Cid cabalga para despedir a los viajeros.—Agüeros malos.*


L os abrazos que dio el padre, la madre doble los daba:
«¡Id, hijas mías —les dice—, y que el Creador os valga!,
»que de mí y de vuestro padre el amor os acompaña.
»Id a Carrión para entrar en posesión de las arras
»pues, como yo creo, os tengo, hijas, por muy bien casadas».

A su padre y a su madre ellas las manos besaban,
y ambos dan a sus dos hijas su bendición y su gracia.
   Ya mío Cid y los suyos comienzan la cabalgada
con magníficos vestidos con caballos y con armas.
Los infantes de Carrión dejan Valencia la clara,
de las damas se despiden y de quien las acompañan.
Por la huerta de Valencia salen jugando las armas [360]:
alegre va mío Cid con los que lo acompañaban.
   Pero los agüeros [361] dicen al que bien ciñe la espada,
que estos casamientos no habían de ser sin tacha.
Mas no puede arrepentirse, que las dos ya están casadas.


### 126

*El Cid envía con sus hijas a Félez Muñoz.—Último adiós.—El
Cid torna a Valencia.—Los viajeros llegan a Molina.—Abengalbón
los acompaña a Medina.—Los infantes piensan matar a
Abengalbón.*


«¿DÓNDE estás, sobrino mío [362], dónde estás, Félez Muñoz?,
»que eres primo de mis hijas de alma y de corazón.
»Yo te mando acompañarlas hasta dentro de Carrión,
»para ver las heredades que a mis hijas dadas son,
»y con todas estas nuevas vendrás al Campeador.»
Félez Muñoz le responde: «Me place de corazón».
   Luego, Minaya Álvar Fáñez a mío Cid así habló:

---

[360] «Jugar las armas.» Recuérdese que esta exhibición solía hacerse también
en las despedidas solemnes. (Verso 11 de la serie 86.)

[361] Recuérdese el influjo de los agüeros, que se repite en el poema, y a los
que el Cid presta tanto crédito. (Véase verso 2 de la serie 2.)

[362] Saludo en interrogación tantas veces usado en el poema. (Véase la nota
57 al verso 14 de la serie 11.)

«Volvámonos, mío Cid, a Valencia la mayor [363];
»que si a Dios bien le pluguiese, nuestro Padre Creador,
»ya habremos de ir a verlas a las tierras de Carrión».
«A Dios os encomendamos, doña Elvira y doña Sol,
»y tales cosas haced que nos den satisfacción.»
Y respondieron los yernos: «Así nos lo mande Dios».
Muy grandes fueron los duelos por esta separación.
El padre con las dos hijas lloraba de corazón,
los caballeros igual hacían, con emoción.

«Oye, sobrino querido, tú, mi buen Félez Muñoz,
»por Molina [364] habéis de ir a descansar, mándoos yo,
»y saludad a mi amigo el buen moro Abengalbón,
»que reciba a mis dos yernos como él pudiere mejor,
»dile que envío mis hijas a las tierras de Carrión
»y de lo que necesiten que les sirva a su sabor:
»y luego las acompañe a Medina, por favor.
»Por cuanto hiciera con ellas le daré buen galardón.»
Como la uña de la carne así separados son.

Ya se volvió hacia Valencia el que en buen hora nació,
y parten hacia Castilla los infantes de Carrión;
en llegando a Albarracín [365] el cortejo descansó,
y aguijando a sus caballos los infantes de Carrión,
helos en Molina ya con el moro Abengalbón.
El moro, cuando lo supo, se alegró de corazón;
y con alborozo grande a recibirlos salió,
y al gusto de todos ellos ¡Dios, y qué bien los sirvió!

---

[363] Adviértase cómo es siempre Álvar Fáñez el que, en los momentos de emoción familiar, anima al Cid y lo consuela. (Verso 45 de la serie 18.)

[364] Al pasar por Molina penetraron en la ciudad, que es camino obligado para Medinaceli. En Molina han de encontrar a su alcaide, Abengalbón, moro amigo del Cid, quien le ordena albergar a sus hijas y a sus yernos una noche y luego acompañarlas en custodia hasta Castilla.

[365] Albarracín, ciudad en el camino de Murviedro a Castilla. (Véase el verso 79 de la serie 83, y su nota, la 232.)

A la mañana siguiente el buen moro cabalgó
con doscientos caballeros que a despedirlos mandó;
van a atravesar los montes, los que llaman de Luzón [366],
torciendo por Arbujuelo [367] para llegar al Jalón
donde dicen Ansarera [368], y allí acamparon mejor.
A las hijas de mío Cid sus dones el moro dio
y sendos caballos buenos a los condes de Carrión;
todo esto lo hizo el moro por el Cid Campeador.
    Cuando vieron las riquezas que aquel moro les mostró,
empiezan los dos hermanos a maquinar su traición [369]:
«Ya que abandonar pensamos las hijas del Campeador,
»si pudiéramos matar a este moro Abengalbón,
»cuantas riquezas él tiene serían para los dos.
»Tan a salvo las tendríamos como aquello de Carrión;
»y no tendría derecho sobre ello el Campeador».
Cuando la traición preparan los infantes de Carrión,
un moro que conocía la lengua [370] los escuchó;
y sin guardar el secreto fue a decir a Abengalbón:
«Alcaide, guárdate de estos, porque eres tú mi señor:
»que tu muerte oí tramar a esos condes de Carrión».

[366] Los montes de Luzón, aquellas montañas «fieras y grandes», ya citadas en el verso 106 de la serie 83.

[367] Arbujuelo es el ya citado valle de Arbujuelo, lugar tan detalladamente descrito por el juglar. (Véase la nota 236.)

[368] Ansarena es lugar hoy desconocido que debió de estar entre Medinaceli y el río Jalón.

[369] Hasta en esta ocasión no desprecia el juglar oportunidad de manifestar el instinto traidor y la codicia de los infantes, que pretenden robar a Abengalbón.

[370] Un moro «latinado», dice el poema, esto es, que conocía el romance castellano que entre sí hablaban los infantes, por creer que el moro no había podido entenderlos.

## 127

*Abengalbón se despide amenazando a los infantes.*

AQUEL moro Abengalbón era un buen moro leal;
con los doscientos que tiene iba cabalgando ya;
mientras jugaban las armas [371], hacia los infantes va,
y esto que el moro les dice mucho les ha de pesar:
«Si estas cosas yo no hiciera por mío Cid de Vivar,
»tal cosa habría de haceros que al mundo diese que hablar:
»devolvería las hijas al Campeador leal,
»y vosotros en Carrión ya no entraríais jamás».


## 128

*El moro se torna a Molina, presintiendo la desgracia de las hijas del
Cid.—Los viajeros entran en el reino de Castilla.—Duermen en el
robledo de Corpes.—A la mañana quédanse solos los infantes con
sus mujeres y se preparan a maltratarlas.—Ruegos inútiles de
doña Sol.—Crueldad de los infantes.*

«DECIDME, pues, ¿qué os he hecho, caballeros de Carrión?
»Yo sirviéndoos, y vosotros tramando mi perdición.
»Aquí me voy de vosotros, que sois gente de traición.
»Me iré con vuestro permiso, doña Elvira y doña Sol;
»poco me importa el renombre que tienen los de Carrión,
»Dios lo quiera y él lo mande, que del mundo es el Señor,
»que este casamiento sea grato al Cid Campeador.»
Esto les ha dicho, y luego el buen moro se volvió;
jugando las armas iba al cruzar por el Jalón,
y lleno de buen sentido, a Molina se tornó.


[371] A pesar del cambio de asonancia, sigue el parlamento de Abengalbón.

Ya salían de Ansarera los infantes de Carrión,
caminan de día y de noche, sin reposar nunca, no;
a la izquierda queda Atienza que es fortísimo peñón;
la sierra de Miedes [372] pasan, detrás de ellos se quedó,
y ya por los Montes Claros [373] aguijan el espolón;
dejando a la izquierda Griza la que Álamos pobló
allí donde están las cuevas en las que a Elfa encerró [374];
San Esteban de Gormaz [375] a la diestra se quedó.
En el robledo de Corpes [376] entraban los de Carrión:
las ramas tocan las nubes, los montes muy altos son
y muchas fieras feroces rondaban alrededor.
En aquel vergel se oía de la fuente el surtidor,
y allí ordenaron clavar las tiendas los de Carrión;
todos cuantos juntos van allí acamparon mejor.
Con sus mujeres en brazos le demostraron amor.
¡Pero qué mal lo cumplieron en cuanto apuntara el sol!
Mandan cargar las acémilas con su riqueza mayor,
como recoger la tienda que en noche los albergó,
y enviaron los criados delante, pues ellos dos
quieren quedarse detrás. Los infantes de Carrión
ordenan que nadie quede atrás, mujer ni varón,
sino solo sus esposas doña Elvira y doña Sol:

---

[372] Atienza y la sierra de Miedes. (Véanse las notas 85 y 86.) Atienza es, en efecto, «una peña muy fuerte» sobre la cual se eleva aún la ruina de un castillo roquero. La sierra de Miedes tenía abundantes bosques que ya no existen en la actualidad.

[373] Montes Claros es el paraje en donde nace el río Jarama, en la actual provincia de Guadalajara. También se da este nombre en el poema a la cordillera del Atlas. (Véase la nota 200.)

[374] «Griza a la que Álamos pobló.» Parece que esto hace referencia a alguna tradición local, hoy completamente perdida.

[375] San Esteban de Gormaz. Ya visto.

[376] El robledo de Corpes, que no existe en la actualidad, debió de estar en el sudoeste de San Esteban de Gormaz. Actualmente este paraje está despoblado y sin vegetación alguna, el que debió de haber sido un espesísimo robledal tan frondoso como lo describe el poema.

porque solazarse quieren con ellas a su sabor.
   Todos se han ido, tan solo ellos cuatro solos son,
pues tanto mal meditaron los infantes de Carrión:
«Bien podéis creerlo —dicen—, doña Elvira y doña Sol,
»aquí seréis ultrajadas en estos montes las dos.
»Hoy nos iremos nosotros y os dejaremos a vos;
»y no tendréis parte alguna en las tierras de Carrión.
»Estas noticias irán hasta el Cid Campeador,
»y quedaremos vengados por aquello del león».
   Allí, a las dos van quitando el manto y el pellizón [377]
hasta dejarlas a cuerpo en camisa y ciclatón [378].
Espuelas tienen calzadas los traidores de Carrión,
y las cinchas en la mano que duras y fuertes son.
Cuando esto vieron las damas, así exclamó doña Sol:
«¡Don Diego y don Fernando, os lo rogamos por Dios;
»sendas espadas tenéis, fuertes y cortantes son,
»de nombre las dos espadas la Colada y la Tizón;
»con ellas nuestras cabezas cortad a nosotras dos.
»Los moros y los cristianos [379] censurarán esta acción,
»que esto que ahora nos hacéis, no lo merecemos, no.
»Estas ruines acciones no hagáis en nosotras dos;
»si fuésemos azotadas, os envileciera a vos,
»y en las vistas y en la corte os exigirán razón».
   Mucho rogaban las damas, mas de nada les sirvió.
Entonces las comenzaron a azotar los de Carrión,
con las cinchas corredizas golpeando a su sabor,
con las espuelas agudas donde les da más dolor,
rompiéndoles las camisas y las carnes a las dos:
limpia salía la sangre sobre el roto ciclatón.

---

[377] «Manto» y «pellizón», prendas de vestir de gente noble que indistinta-
mente usaban los hombres y las mujeres. (Véase la nota 19.)
[378] «Ciclatón.» (Véase la nota 359.)
[379] «Los moros y los cristianos.» Frase adverbial, tan repetida, que equivale a
«todos», «todo el mundo».

Y ellas la sienten hervir dentro de su corazón.
¡Qué gran ventura sería, si pluguiese al Creador,
que asomar ahora pudiera mío Cid Campeador!
    Tanto así las azotaron que desfallecidas son,
con las camisas manchadas por la sangre que manó.
Cansados estaban ya de azotarlas ellos dos,
esforzándose por ver quién golpeaba mejor.
Ya no podían hablar doña Elvira y doña Sol,
y en el robledo de Corpes quedan por muertas las dos.


## 129

*Los infantes abandonan a sus mujeres.* (Serie gemela.)

L LEVÁRONSELES los mantos, también las pieles armiñas,
dejándolas desmayadas en briales y en camisas,
a las aves de los montes y a las bestias más malignas.
Por muertas se las dejaron, sabed, pero no por vivas [380].
¡Oh, qué gran ventura fuera si ahora asomase Ruy Díaz!


## 130

*Los infantes se alaban de su cobardía.*

LOS infantes de Carrión por muertas se las dejaron,
tal que la una a la otra no podían darse amparo.
Por los montes donde iban, íbanse ellos alabando:
«Ya de nuestros casamientos ahora estamos vengados.

---

[380] Repite la idea del verso último de la serie anterior, y toda esta serie viene a ser repetición de versos de la anterior, hecho así deliberadamente para dar más vigor al patetismo dramático del pasaje narrado. Aquí se pone de manifiesto la sensibilidad lírica del juglar y la finura de su técnica literaria.

»Ni aun por barraganas las hubimos de haber tomado,
»cuando para esposas nuestras no eran de linaje claro.
»La deshonra del león, con esta habemos vengado».


# 131

*Félez Muñoz sospecha de los infantes.—Vuelve atrás en busca de las hijas del Cid.—Las reanima y las lleva en su caballo a San Esteban de Gormaz.—Llega al Cid la noticia de su deshonra.—Minaya va a San Esteban a recoger las dueñas.—Entrevista de Minaya con sus primas.*

ALABÁNDOSE se iban los infantes de Carrión.
Mientras, yo quiero contaros [381] de aquel buen Félez Muñoz
que era sobrino querido de mío Cid Campeador:
le mandaron ir delante, pero no fue a su sabor.
Mientras el camino hacían le dio un vuelco el corazón,
y de cuantos con él iban de todos se separó,
y en la espesura de un monte Félez Muñoz se metió
para de allí ver llegar sus primas ambas a dos
o averiguar lo que hicieran con ellas los de Carrión.
Vio, al fin, cómo se acercaban y oyó su conversación;
ellos no lo descubrieron ni de él tuvieron noción;
si a descubrirlo llegaran no escapara vivo, no.
    Pasaban ya los infantes, aguijando su espolón.
Por el rastro que dejaron se volvió Félez Muñoz,
hasta encontrar a sus primas, desfallecidas las dos
llamándolas: «¡Primas, primas!». Enseguida se apeó,
ató el caballo en un tronco y hacia ellas se dirigió:
«¡Ah, mis primas, primas mías, doña Elvira y doña Sol,

---

[381] Aquí interrumpe el juglar la narración y, mientras deja ir impunes a los de Carrión, se enfrenta con el auditorio para decirle que va a retroceder su narración contando lo hecho por Félez Muñoz.

»mala proeza os hicieron los infantes de Carrión!
»¡Dios quiera que de esto tengan ellos su mal galardón!».
Las va volviendo con mucha solicitud a las dos;
tan traspuestas se encontraban que no tenían ni voz.
Partiéndosele las telas de dentro del corazón,
llamábalas: «¡Primas, primas, doña Elvira y doña Sol!
»¡Despertad, primas queridas, por amor del Creador!
»¡Mientras que de día sea, porque si declina el sol,
»pueden comeros las fieras que hay por este alrededor!».
Poco a poco se recobran doña Elvira y doña Sol,
y así que abrieron los ojos vieron a Félez Muñoz.
«¡Esforzaos, primas mías, por amor del Creador!,
»pues si me echan de menos los infantes de Carrión,
»me buscarán con gran prisa, sospechando dónde estoy.
»Si el señor no nos socorre, aquí morirémonos.»
Con tristeza y desaliento así hablaba doña Sol:
«Así os lo agradezca, primo, nuestro padre el Campeador;
»dadnos agua de seguida y así os valga el Creador».
Con un sombrero que tiene para sí Félez Muñoz,
y que era nuevo y ligero que de Valencia sacó,
cogió cuanta agua pudiera y a sus primas la llevó;
como están muy laceradas, a ambas el agua sació.
    Tanto las va consolando que calmarlas consiguió.
En su espíritu abatido infunde nuevo valor
hasta que con sus palabras recobrar pudo a las dos.
y de prisa en el caballo que llevaba las montó,
y con el manto que usaba a las dos primas cubrió;
tomó al caballo las riendas y aprisa de allí partió.
Los tres solos caminaban del bosque en el espesor,
y al amanecer lograron salir al tiempo que el sol;
hasta las aguas del Duero ellos arribados son,
la torre de doña Urraca [382] de posada les sirvió.

[382]  La llamada «Torre de doña Urraca» actualmente no existe. Debería de
estar —según Menéndez Pidal— en el terreno que hoy lleva el nombre de La

Y a San Esteban se fue aquel buen Félez Muñoz,
donde encontró a Diego Téllez [383], el que a Minaya sirvió;
cuando se lo oyó contar, de corazón le pesó;
tomó bestias y vestidos dignos de damas de honor
y se fue a recibir a doña Elvira y doña Sol.
a sus dos primas queridas que en San Esteban dejó,
y allí todo cuanto pudo les sirvió de lo mejor.
Los de San Esteban, que siempre mesurados son,
tan pronto aquesto supieron, les pesó de corazón;
y a las hijas de mío Cid dan tributo de enfurción [384].
Allí se quedaron ellas hasta que curadas son.
        Mientras, siguen alabándose los infantes de Carrión.
Por todas aquellas tierras las nuevas sabidas son;
y al buen rey Alfonso VI de corazón le pesó.
Van estas malas noticias a Valencia la mayor:
cuando todo se lo cuentan a mío Cid Campeador,
un gran rato quedó mudo, pensó mucho y meditó [385].
y alzando su mano diestra su larga barba cogió:
«¡Gracias a Cristo Jesús, que del mundo es el Señor,
»cuanto tal honra [386] me hicieron los infantes de Carrión,

---

Torre, a siete kilómetros al oeste de San Esteban de Gormaz y no lejos de un pago denominado Llano de Urraca, a la orilla del Duero.

[383] Diego Téllez era vasallo o pechero de Álvar Fáñez, y vivía en San Esteban. Aunque este personaje viene a ser muy secundario en el poema, está confirmada su existencia histórica, sabiéndose de él que fue señor de Sepúlveda en los dominios de Minaya gracias a una declaración del abad de San Millán de la Cogolla, en 1086, según descubrió Menéndez Pidal. (Véase su discurso «Mío Cid el de Valencia», de 1940.)

[384] El tributo de «enfurción» era un tributo de viandas, granos y vinos que tenía que pagar el pechero al señor por razón del solar que este le daba.

[385] El Cid calla y medita en silencio antes de tomar una trascendental decisión, como en el verso 49 de la serie 102. Recuérdese el verso 5 de la serie 102, en el que el rey hace un gesto análogo en parecido trance, como en el 52 de la serie 133.

[386] Aquí dice el Cid «honra» en sentido sarcástico y como dando la razón a aquellos presentimientos tan largamente contenidos.

»por esta barba vellida que nadie jamás mesó,
»no han de lograr deshonrarme los infantes de Carrión;
»que a mis hijas, algún día bien las he de casar yo!».
Mucho pesó a mío Cid y a su corte le pesó,
y hubo de pesarle a Álvar Fáñez con el corazón.
Cabalgó Minaya y Pero Bermúdez y cabalgó
también Martín Antolínez, aquel burgalés de pro,
con doscientos caballeros que mandó el Campeador,
diciéndoles que marcharan de día y noche y que no
retornaran sin sus hijas a Valencia la mayor.
No demoraron cumplir el mandato del señor,
y de prisa cabalgaron de día y noche, en veloz
carrera hasta que en Gormaz [387], que es un castillo mayor,
por aquella noche hallaron hospedaje acogedor.
Al cercano San Esteban pronto el aviso llegó
de que venía Minaya a recoger a las dos.
Los hombres de San Esteban, a modo de hombres de pro,
recibieron a Minaya y a cuantos con él ya son
y ofrecieron a Minaya el tributo de enfurción;
él no lo quiso tomar, mas mucho lo agradeció:
«Gracias, varones de San Esteban, prudentes sois,
»por la honra que nos disteis en lo que nos sucedió,
»mucho os lo ha de agradecer allá el Cid Campeador;
»y en su nombre, en este día, aquí os lo agradezco yo.
»¡Ojalá Dios de los cielos, por ello os dé galardón!».
Se lo agradecieron todos llenos de satisfacción,
y a descansar esa noche todo el mundo se marchó.
Y Minaya se fue a ver a sus primas, donde son,
y en él clavan sus miradas doña Elvira y doña Sol:
«¡Os agradecemos esto cual si viésemos a Dios;
»y vos a Él agradecedle que estemos vivas las dos.

---

[387] Gormaz, a orillas del Duero, era un gran castillo árabe que alcanzó extraordinaria importancia en la Reconquista, en el siglo X.

»En los días de descanso, en Valencia la mayor,
»las dos hemos de contaros allí todo este rencor».


## 132

*Minaya y sus primas parten de San Esteban.—El Cid
sale a recibirlos.*

ÁLVAR Fáñez y las damas no cesaban de llorar,
igual que Pero Bermúdez, que hablándoles así va:
«Doña Elvira y doña Sol, no tengáis cuidado ya,
»porque estáis sanas y vivas y no tenéis ningún mal.
»Si buenas bodas perdisteis, mejor las podréis hallar [388].
»¡Aún hemos de ver el día en que os podamos vengar!».
Allí esa noche reposan y más alegres están.
   A la mañana siguiente comienzan a cabalgar.
Los de San Esteban salen y despidiéndoles van,
y hasta el río del Amor [389] su compañía les dan;
desde allí se despidieron y empiezan a retornar
y Minaya, con las damas, hacia adelante se van.
Cruzaron por Alcoceba [390], dejan a un lado Gormaz,
donde dicen Vadorrey [391], por allí van a pasar
hasta el pueblo de Berlanga [392], donde van a descansar.

---

[388] Por las palabras de Pero Bermúdez parece que no respeta el vínculo
matrimonial de las hijas del Cid. Téngase en cuenta que el solo hecho del aban-
dono y malos tratos de las esposas bastaba para dar como disuelto el matrimo-
nio, aun sin esperar la decisión eclesiástica ni la civil. De igual manera que aquí
Bermúdez, se expresa luego el Cid. Estas bodas deshechas así no fueron impedi-
mento para unos segundos esponsales, como se verá más adelante.

[389] Río de Amor, lugar hoy desconocido, que debía de estar al este de San
Esteban de Gormaz.

[390] Alcoceba es el que hoy se llama Barranco de Alcoceba, que desemboca
en el Duero, alrededor del castillo de Gormaz.

[391] Vadorrey es un despoblado a la izquierda del Duero, en el camino de
Berlanga a Gormaz.

III La afrenta de Corpes

A la mañana siguiente emprenden el caminar
hasta llegar a Medina ³⁹³ donde se van a albergar,
y de Medina a Molina ³⁹⁴ en otro día se van,
donde el moro Abengalbón mucho se alegró en verdad
y a recibirlas saliera de muy buena voluntad,
y por afecto a mío Cid muy buena cena les da.
Desde aquí, hacia Valencia ³⁹⁵ directamente se van.

    Al que en buen hora nació el mensaje llegó ya,
monta aprisa en su caballo y a recibirlas se va,
de la alegría que tiene las armas quiere jugar.
Mío Cid Campeador a sus hijas va a abrazar,
besándolas a las dos, así les va a preguntar:
«¿Venís, hijas mías? ¡Dios os quiera librar de mal!
»Yo acepté ese casamiento, por no atreverme a opinar.
»¡Plegué a nuestro Creador que allá sobre el cielo está,
»que os vea mejor casadas en el tiempo que vendrá!
»¡De mis yernos de Carrión Dios concédame vengar!» ³⁹⁶.

---

³⁹² Berlanga, pueblo y castillo a la izquierda del Duero, distante de Gormaz 13 kilómetros y 30 de San Esteban, así que en aquella primera jornada del camino recorrieron 30 kilómetros.

³⁹³ Medina, tantas veces nombrada, es la actual Medinaceli. De Berlanga a Medina hay 46 kilómetros, que constituyen el recorrido de la segunda jornada.

³⁹⁴ De Medina a Molina hay 58 kilómetros, larga jornada que hubieron de cubrir hasta llegar a Molina, donde encontraron los expedicionarios buen albergue para el descanso, preparado por el moro Abengalbón.

³⁹⁵ De Molina a Valencia dice el juglar que van directamente, dando a entender que en una sola jornada. Esta afirmación confirma nuestra opinión sobre el desconocimiento que el juglar tenía de la geografía de las tierras valencianas. Las primeras jornadas, tan detalladamente observadas, son racionales, mientras los personajes van por tierras cercanas a Medinaceli; pero tan pronto se alejan de ellas para internarse en las de Valencia, el juglar no tiene noción de las distancia cuando cree posible que en una sola jornada de caballo se pueda ir de Molina a la ciudad de Valencia.

³⁹⁶ Aquí se sincera el Cid ante sus hijas de la coacción real que le obligó a aceptar el casamiento con los infantes. Ante su rey, el Cid «no se atreve a opinar», dando muestras de una sumisión absoluta al soberano que lo desterró y al que, no obstante, sirve siempre por ser «su señor natural».

Las hijas al Cid, su padre, vanle la mano a besar.
Luego, jugando las armas, entraron en la ciudad,
doña Jimena, la madre, ¡Dios, cuánto pudo gozar!
   El que en buen hora nació no lo quiso retardar
y habló con todos los suyos y les dijo en puridad
que al rey Alfonso, en Castilla, un mensaje va a enviar.


### 133

*El Cid envía a Muño Gustioz que pida al rey justicia.—Muño halla al rey en Sahagún, y le expone su mensaje.—El rey promete reparación.*

«¿DÓNDE, Muño Gústioz, eres, mi buen vasallo de pro?
»¡En buen hora te crie [397] en mi corte con honor!
»Lleva el mensaje a Castilla a su rey, que es mi señor,
»por mí bésale la mano con alma y de corazón,
»como que soy su vasallo y él mi natural señor,
»del deshonor que me han hecho los infantes de Carrión,
»que se duela el justo rey con alma y de corazón.
»Él es quien casó a mis hijas, que no se las diera yo;
»ahora las han dejado cubiertas de deshonor,
»y si la deshonra esta ha de caer sobre nos,
»la poca o la mucha culpa, sepa que es de mi señor.
»Mis bienes se me han llevado, que tan abundantes son;
»eso me puede pesar con el otro deshonor.
»Citémoslos a las vistas o a cortes [398], y tenga yo
»derecho para exigir a los condes de Carrión,

---

[397] Recuérdese la costumbre que tenían los grandes señores de educar en sus palacios a los hijos de los nobles vasallos suyos.

[398] Vistas o cortes. Las vistas o entrevistas convenidas de antemano tenían a veces carácter judicial. Las vistas solían ser presididas por el mismo rey; eran menos frecuentes que las cortes, que tenían más amplia solemnidad.

»que el rencor que tengo es grande dentro de mi corazón.»
Muño Gustioz, muy deprisa, hacia Castilla marchó;
con él van dos caballeros que sírvenle a su sabor
y con ellos, escuderos y criados [399] varios son.

    Salen de Valencia y andan cuanto pueden, con tesón,
sin descansar ni de día ni de noche en un mesón.
Al rey don Alfonso VI allá en Sahagún lo encontró [400].
Él es el rey de Castilla y es también rey de León [401]
y extiende de las Asturias, donde está San Salvador [402].
hasta Santiago su reino [403], que de todo esto es señor,
todos los condes gallegos le tienen como señor.
Así como descabalga aquel buen Muño Gustioz
encomendose a los santos y le rogó al Creador [404],
al palacio donde estaba la corte se dirigió;
con él los dos caballeros que lo tienen por señor.

    Así tan pronto que entraron en la corte, el rey los vio
y a Muño Gustioz al punto don Alfonso conoció;
levantose el rey entonces y muy bien lo recibió.
Delante del soberano sus dos rodillas hincó
Muño Gustioz, que, sumiso, de Alfonso los pies besó:
«¡Merced, rey de tantos reinos, que os aclaman por señor!
»Por mí, los pies y las manos os besa el Campeador;

[399] «Criados», aquí, no puede tener sino el carácter de vasallos criados en la corte del Cid, según se explica en la nota 397.

[400] Alfonso VI solía ir con mucha frecuencia a Sahagún, a cuyo monasterio benedictino tenía gran devoción, siguiendo la tradición de su padre, Fernando I. (Véase la nota 217 al verso 5 de la serie 80.)

[401] Recuérdese que Alfonso VI, cuando fue proclamado rey de Castilla, a raíz de la muerte de su hermano Sancho, era ya rey de León por derecho de herencia.

[402] «San Salvador.» Quiere decir Oviedo, capital de Asturias, así llamada por tener su catedral dedicada a san Salvador.

[403] Era también Alfonso VI rey de Galicia, porque, de acuerdo con el ya difunto rey de Castilla, Sancho, había desposeído a su hermano don García del reino gallego. Santiago era la capital de toda Galicia. Los condes gallegos habíanlo ya acatado como rey suyo.

[404] Recuérdese la costumbre de ir el mensajero a orar a la iglesia más próxima antes de realizar su cometido. (Véase el verso II de la serie 83.)

»él es un vasallo vuestro y de él vos sois el señor.

»Casasteis vos a sus hijas con infantes de Carrión,

»¡encumbrado casamiento porque lo quisisteis vos!

»Ya vos conocéis la honra [405] que el casamiento aumentó

»y cómo nos deshonraron los infantes de Carrión:

»maltrataron a las hijas de mío Cid Campeador;

»azotadas y desnudas para afrentarlas mejor

»en el robledo de Corpes las dejaron a las dos

»a las aves de los montes, de las bestias al furor.

»He a sus hijas ultrajadas en Valencia la mayor

»y por eso os pide, rey, como vasallo a señor,

»que a las vistas hagáis ir a los condes de Carrión:

»tiénese él por deshonrado, mas vuestra afrenta es mayor,

»y aunque mucho os pese, rey, ahora ya sois sabedor;

»que tenga mío Cid derecho contra infantes de Carrión».

El rey, durante un gran rato, calló, y luego meditó [406]:

«Te digo que, de verdad, me pesa de corazón,

»y verdad dices en esto, Muño Gustioz, que fui yo

»el que casó aquellas hijas con infantes de Carrión;

»mas hícelo para bien, para que fuese en su pro [407].

»¡Ojalá que el casamiento no estuviese hecho hoy!

»A mí, tanto como al Cid, me pesa de corazón.

»¡Quiero ayudarle en derecho, y así me salve el Señor!

»Lo que no pensaba hacer jamás, en esta cuestión,

»enviaré a mis heraldos a que lancen el pregón

»para convocar a cortes en Toledo [408], donde yo,

[405] Alude a la afrenta de Corpes, de la que supone enterado al rey. Muño Gustioz se tiene por deshonrado, como todos los caballeros de la corte del Cid, por la villana acción de los infantes.

[406] Véase cómo el rey —como otras veces— calla y medita en silencio antes de tomar una resolución trascendental. (Recuérdese el verso 5 de la serie 102.)

[407] El rey reconoce su coacción al Cid para casar a sus hijas, y de ello se disculpa amparándose en el buen deseo que a tal determinación le movió.

[408] El rey convoca a cortes en Toledo para que así el procedimiento judicial y su consiguiente reparación tengan más solemnidad y trascendencia que podían tener en unas vistas.

»con los condes e infanzones y caballeros de pro,
»mandaré que allí concurran los infantes de Carrión
»para obligarse en derecho con el Cid Campeador,
»y que no queden rencores pudiéndolo evitar yo».


### 134

*El rey convoca cortes en Toledo.*

«DECIDLE al Campeador mío Cid el bienhadado,
»que de aquí a siete semanas se prepare con vasallos
»para venir a Toledo, esto le doy yo de plazo [409].
»Por afecto a mío Cid aquestas cortes yo hago.
»Saludádmelos a todos, no tengáis ningún cuidado,
»y de esto que os ha ocurrido pronto habréis de ser vengados.»
Muño Gustioz despidiose, y a mío Cid se ha tornado.
Así como el rey lo dijo, así quiso realizarlo:
no lo detiene por nada don Alfonso el castellano,
y envía sus reales cartas hasta León y Santiago,
también a los portugueses y a todos los galicianos,
y a los de Carrión y a todos los varones castellanos [410],
que cortes hará en Toledo como tenía mandado,
y que, tras siete semanas, allí se fuesen juntando;
el que no fuese a la corte, no se tenga por vasallo [411].
Por las tierras de su reino así lo van pregonando,
y nadie habrá de faltar a lo que el rey ha mandado.


[409] A pesar de cambiar el asonante, continúa el parlamento del rey, en el que cita al Cid para las cortes que convoca, demostrándole su afecto real.

[410] Recuérdese que el rey lo es de León y de Galicia, además de serlo de Castilla. A todos los señores, pues, de estos reinos invita para las cortes de Toledo.

[411] El vasallo tenía obligación de acudir al llamamiento de su señor, bajo pena de perder el vasallaje y la confiscación de sus bienes. Aquí el rey amenaza a sus vasallos con estas penas si no acuden a las cortes convocadas.

## 135

*Los de Carrión ruegan en vano al rey que desista de la corte.—*
*Reúnese la corte.—El Cid llega el postrero.—*
*El rey sale a su encuentro*

YA mucho les va pesando a los condes de Carrión
el que el rey, allá en Toledo, reunir corte mandó;
tienen miedo que allí vaya mío Cid Campeador.
Toman consejo de todos los parientes cuantos son
y ruegan al rey que les perdone la obligación
de ir a las cortes. El rey dijo: «No he de hacerlo yo
»porque allá tiene que ir mío Cid Campeador,
»y habéis de rendirle cuentas de una queja contra vos.
»Quien no lo quisiera hacer y falte a mi citación,
»que se vaya de mi reino y que pierda mi favor».
Ya vieron que era preciso acudir los de Carrión,
y se aconsejaban todos sus parientes que allí son;
el conde García Ordóñez en este asunto medió,
enemigo de mío Cid, a quien mal siempre buscó,
sus consejos iba dando a los condes de Carrión.
Llegaba el plazo y la gente a las cortes acudió;
con los primeros en ir el rey Alfonso llegó,
con el conde don Enrique [412], con el conde don Ramón
(este como padre que era del buen rey emperador),
también va el conde don Fruela [413] y va el conde don Birbón.
Fueron allí otros varones duchos en legislación;
de toda Castilla llega lo mejor de lo mejor.

---

[412] El conde don Enrique (1094-1114) y el conde don Ramón (1090-1107)
son los yernos del rey; primos Enrique y Ramón de Borgoña, condes de Portugal y
de Galicia, respectivamente, según la historia.

[413] El conde don Fruela es el Fruela Díaz, hermano de doña Jimena, conde de
León y Astorga y mayordomo del conde Ramón de Galicia.

Fue allí el conde don García aquel Crespo de Grañón[414],
y Álvar Díaz[415], aquel que en Oca siempre mandó.
Y Asur González[416], Gonzalo Ansúrez, juntos los dos,
y Pero Ansúrez, sabed, que allí se juntaron con
don Diego y don Fernando que estaban ambos a dos,
y con ellos el gran bando que a la corte los siguió
para intentar maltratar a mío Cid Campeador.
    De todas partes allí gentes congregadas son.
Mas aún no era llegado el que en buen hora nació,
y la tardanza del Cid, al rey mucho disgustó.
Al quinto día de espera[417] llegó el Cid Campeador;
a Álvar Fáñez de Minaya, por delante lo envió
para que bese las manos a su rey y su señor
y supiese que esa noche iba, como prometió.
Cuando el rey se hubo enterado, le plugo de corazón;
con grande acompañamiento el monarca cabalgó
para ir a recibir al que en buen hora nació.
Bien compuesto viene el Cid con su cortejo de honor,
buena compañía lleva, como cumple a tal señor.

---

[414] El tan nombrado conde García Ordóñez, el gran enemigo del Cid, es llamado el *Crespo de Grañón*, y fue históricamente gobernador de Grañón, en La Rioja, hacia 1094. Los documentos de la época lo llaman don García de Grañón, y los historiadores árabes lo suelen llamar por el apodo de *Botatorcida*. (Véase la nota 7.)

[415] Álvar Díaz, ya citado, fue históricamente el señor de Oca. (Verso 53 de la serie 104.)

[416] Asur González es el hermano mayor de los infantes de Carrión, charlatán y comedor. (Véanse notas 305 y 456 y verso 2 de la serie 152.) Personaje identificado por la historia. Gonzalo Ansúrez es el padre de los tres infantes. (Ya citado en la nota al verso 64 de la serie 111.) Y Pero Ansúrez, su hermano, es el famoso conde de Carrión y Valladolid, y tío de los infantes; por consiguiente, identificado históricamente con el conde de este título, que vivió hacia 1095. Según la historia, también este personaje fue enemigo del Cid.

[417] La espera que todos han de hacer al Cid y su tardanza en llegar sirven al juglar para que la presentación del héroe sea más espectacular al hacer su entrada en las cortes.

Cuando el buen rey don Alfonso de lejos los divisó,
echó pie a tierra mío Cid Rodrigo el Campeador
porque, humillándose quiere así honrar a su señor.
Cuando lo vio el rey, así con alborozo exclamó:
«Por san Isidoro, Cid, no hagáis semejante acción!
»Cabalgad, Cid, pues si no, no fuerais a mi sabor;
»que nos hemos de besar con alma y de corazón [418].
»Aquello que a vos os pesa, me duele a mí como a vos;
»¡Dios quiera que sea honrada por vos esta corte hoy!».
«Amén», dijo don Rodrigo de Vivar Campeador;
besole a Alfonso la mano y en la boca lo besó:
«¡Gracias a Dios, que ya os veo ante mis ojos, señor!
»Humíllome a vos, ¡oh rey!, como al conde don Ramón
»y al buen conde don Enrique y a cuantos ahora aquí son;
»¡Dios salve a nuestros amigos y a vos más aún, señor!
»Mi mujer doña Jimena, que es una dama de pro,
»me encarga os bese las manos [419] igual que mis hijas dos
»y que esta nuestra desgracia a vos os pese, señor».
Y respondió el rey: «¡Así lo hago, y sálveme Dios!».


## 136

### *El Cid no entra en Toledo.—Celebra vigilia en San Servando.*

HACIA Toledo, a caballo, el rey de vuelta se va;
esa noche el Cid no quiere el río Tajo pasar:
«¡Merced, oh rey de Castilla, a quien Dios quiera salvar!
»A vuestro gusto, señor, entrad en esa ciudad,

---

[418] Recuérdese que la amistad se sellaba solemnemente besándose en la boca, como ya otra vez hicieron el Cid y el rey. (Notas 295 y 342.)
[419] «Os bese las manos.» Era la fórmula para pedir protección.

»que yo y los míos en esta noche hemos de reposar
»en San Servando[420], y en tanto mis mesnadas llegarán.
»La vigilia[421] he de tener en este santo lugar;
»mañana por la mañana entraré ya en la ciudad,
»y a las cortes convocadas iré, antes de yantar».
Dijo el rey: «Cid, lo que dices me place de voluntad».
El rey don Alfonso VI a Toledo se va a entrar,
mío Cid Rodrigo Díaz en San Servando se está.
Mandó preparar candelas y llevarlas al altar,
pues de velar tiene gusto en este santo lugar,
para rogar al Creador hablándole en puridad.
Álvar Fáñez igual hace que los buenos que allí están,
estando ya preparados cuando el día fue a apuntar.

[420] San Servando es el antiguo castillo toledano separado de la ciudad por el río Tajo. En el tiempo del Cid ocupaban este castillo los monjes marselleses, a quienes lo había donado el rey Alfonso VI en 1088. Fue destruido después por los almorávides en 1109 y reedificado en 1113. Actualmente está reconstruido.

[421] La vigilia era la vela que se hacía pasando la noche en oración dentro del lugar sagrado antes de comenzar alguna empresa trascendental. Era costumbre velar antes de un torneo, una batalla o una lid judicial, como en este caso. El que velaba las armas así, costeaba las luces del altar y pasaba la noche en oración, y al final de ella, al amanecer, se daba por terminada la vigilia con el canto de maitines y la misa, en la que se hacía la ofrenda.

## 137

*Preparación del Cid en San Servando para ir a la cor-te.—El Cid*
*va a Toledo y entra en la corte.—El rey le ofrece asiento en su esca-*
*ño.—El Cid rehúsa.—El rey abre la sesión.—Proclama la paz*
*entre los litigantes.—El Cid expone su demanda.—Reclama*
*Colada y Ti-zón.—Los de Carrión entregan las espadas.—El Cid*
*las da a Pero Bermúdez y Martín Antolínez.—Segunda demanda*
*del Cid.—El ajuar de sus hijas.—Los infantes*
*hallan dificultad para el pago.*

MAITINES y prima cantan hasta apuntar el albor,
terminada fue la misa antes que saliese el sol,
y la ofrenda hubieron hecho muy buena y de gran valor.
«Vos, Minaya Álvar Fáñez, que sois mi brazo mejor,
»y el obispo don Jerónimo, vendréis conmigo los dos,
»y también Pero Bermúdez y vos buen Muño Gustioz,
»y el buen Martín Antolínez, leal burgalés de pro,
»Álvar Álvarez y Alvar Salvadórez, en unión
»de Martín Muñoz, aquel que en tan buen punto nació,
»también el sobrino mío llamado Félez Muñoz [422];
»conmigo habrá de ir Mal Anda [423], que es sabio en legislación
»y aquel Galindo García, que viniera de Aragón;
»con estos han de juntarse ciento de los que aquí son.
»Vestidos los alcochales [424] que aguanten la guarnición,

---

[422] Aquí se hace una enumeración de los más distinguidos caballeros del
Cid, ya conocidos a lo largo del poema, la mayoría de ellos de personalidad
confirmada históricamente por documentación fidedigna.

[423] Este *Mal Anda* debió de ser un personaje de la época, versado en asuntos
de derecho, que acompaña al Cid a las cortes como asesor jurídico. Menéndez
Pidal dice que el nombre Mal Anda se consigna en una escritura de 1140, de
Villahizán de Treviño, al norte de Burgos.

[424] El belmez o los alcochales eran a modo de una túnica acolchada que se
vestía debajo para evitar el roce de la loriga, siempre dura y áspera.

»y las lorigas[425] encima tan brillantes como el sol,
»y sobre ellas los armiños que forman el pellizón[426],
»que no se vean las armas, bien sujetas del cordón;
»bajo el manto[427] las espadas de flexible tajador;
»de esta manera quisiera a la corte llegar yo
»para pedir mis derechos y defender mi razón.
»Si pendencia me buscasen los infantes de Carrión,
»donde tales ciento tengo, bien estaré sin temor.»
Así respóndenle todos: «Eso queremos, señor».
Tal como lo hubo ordenado, todos preparados son.

   No carecía de nada el que en buen hora nació:
calzas del más fino paño en sus piernas las metió,
sobre ellas unos zapatos que muy bien labrados son.
Vistió camisa de hilo blanca como el mismo sol
y de oro y de plata todas sus presillas son
que ajustan bien a los puños, como él así lo ordenó;
sobre ella un brial[428] llevaba de precioso ciclatón
labrado con oro y seda y tejido con primor.
Sobre esto una piel bermeja[429] con franjas que de oro son,
como siempre vestir suele mío Cid Campeador.
Una cofia sobre el pelo[430] hecha del hilo mejor

---

[425] La loriga. (Véase la nota 114 al verso 9 de la serie 29.) A veces tenía tres dobleces para aumentar la defensa, como se verá en el verso 130 de la serie 150.

[426] El «pellizón» o piel (explicado en la nota 19) era prenda del traje de paz, mas aquí el Cid ordena a sus gentes que lo lleven sobre el de guerra, a fin de ocultar así las espadas que debían de llevar prevenidas por si era preciso recurrir a ellas en caso de que fallasen las razones en las cortes.

[427] Esta precaución de llevar las espadas debajo del manto da a entender la animosidad bélica con que iban a las cortes los vasallos del Cid.

[428] El brial (nota 322) solía ser a veces tejido de tela de ciclatón, por lo que muchas veces se llamaba simplemente ciclatón al brial.

[429] El manto acostumbrado por el Cid era bermejo, y, según se desprende del texto, franjado de oro, aunque la palabra franja signifique aquí banda o ceñidor.

[430] El Cid tiene especial interés en proteger sus cabellos y los cubre con la cofia para que no puedan arrancárselos, así como la barba la sujeta con un cordón para que nadie pueda llegar a mesársela. La barba así recogida era un gesto belicoso, como un desafío a cuantos enemigos tenía el Cid en las cortes.

labrada con oro y hecha a su gusto y su sabor,
para que no se le enrede el pelo al Campeador;
la barba llevaba luenga atada con un cordón,
y esto lo hace así, pues quiere tomar toda precaución.
Encima se vistió un manto [431] que tenía gran valor
que a todos los circunstantes les causara admiración.

    Con estos cien caballeros que prepararse mandó,
cabalgando a toda prisa de San Servando salió;
dirigiéndose a lo corte mío Cid Campeador.

    Cuando está frente a la puerta, del caballo se apeó.
Solemnemente entra el Cid con su compaña mejor:
va en medio y los otros cien marchan a su alrededor.
Y cuando vieron entrar al que en buen hora nació,
púsose en pie el rey Alfonso en señal de admiración
y lo mismo el conde Enrique como el conde don Ramón
y luego todos los otros que allí reunidos son;
y con gran honra reciben al que en buen hora nació.
Mas no quiso levantarse aquel Crespo de Grañón,
ni los que son del partido de los condes de Carrión.

    El rey Alfonso a mío Cid de las manos le tomó:
«Acá venid, y sentaos conmigo, Campeador,
»en este escaño [432], que un día me regalasteis en don;
»por más que a algunos les pese, mejor sois aún que nos» [433].
Entonces, le dio las gracias el que a Valencia ganó:
«Sentaos en vuestro escaño, pues que sois rey y señor;
»yo aquí me colocaré entre los míos, mejor».

---

[431] El manto (véase la nota 19) era prenda privativa de los caballeros, que solían usarla tanto en traje de paz como en arreos de guerra y aun dentro del mismo hogar.

[432] El juglar habla ahora de un escaño regalado por el Cid al rey, del que nada ha dicho en el poema anteriormente. Tal vez lo confunda con la tienda del rey Yúsuf, que envió al de Castilla por mediación de Álvar Fáñez. Tampoco dicen nada las crónicas respecto a este regalo del Campeador a su rey.

[433] «Más valéis que nos», que puede parecer un elogio excesivo en labios del rey, no era sino una frase usual de cortesía.

Aquello que dijo el Cid plugo al rey de corazón.
En su escaño torneado [434] entonces él se sentó,
y los ciento que lo escoltan se sientan alrededor.
Contemplando están al Cid cuantos en la corte son,
la luenga barba que lleva sujeta por un cordón
y cómo en sus ademanes se muestra como varón.
De vergüenza, no lo miran los infantes de Carrión.
       Entonces el rey Alfonso en su pie se levantó:
«Oíd, mesnadas, y os valga a todos el Creador.
»Yo, desde que soy rey hice tan solo dos cortes [435], dos:
»la una fue en Burgos, la otra tuvo lugar en Carrión,
»y esta tercera en Toledo vengo a celebrarla hoy
»por afecto a mío Cid, el que en buen hora nació,
»para que el derecho ejerza contra aquellos de Carrión.
»Gran injusticia le hicieron, lo sabemos todos nos.
»Jueces [436] sean de este pleito don Enrique y don Ramón,
»y estos otros condes que de su partido no son.
»Ya que sois conocedores, poned la vuestra atención
»para encontrar el derecho de lo justo, mando yo.
»De una y de otra parte quedemos en paces hoy.
»Juro por san Isidoro que aquel que alborotador
»fuese, dejará mi reino y le quitaré el favor.
»Con el que tenga derecho habré de quedarme yo.
»Ahora, empiece su demanda mío Cid Campeador:

[434] Este escaño, torneado, es el que ganó el Cid al rey Yúsuf, según dicen las crónicas y cantaron después los romances del Cid.

[435] Refiérese aquí el juglar a las cortes judiciales tan solo, pues, según la historia, cortes para otros asuntos fueron varias las que Al-fonso VI convocó en Toledo y en otros puntos distintos. Él mismo alude aquí a las cortes de Burgos y Carrión.

[436] La palabra alcalde es la voz árabe que quiere decir juez. Para este cargo se solían nombrar ricoshomes, y, generalmente, condes. El rey nombra para este cometido a los condes don Enrique y don Ramón (verso 18 de la serie 135) y a todos los otros condes presentes, excluyendo a los del partido de los infantes de Carrión.

»sabremos lo que responden los infantes de Carrión».
        Mío Cid besó la mano al rey y se levantó.
«Mucho os agradezco, rey, como a mi rey y señor,
»todo cuanto en esta corte hicisteis en mi favor.
»Esto pido desde ahora a los condes de Carrión:
»porque dejaron mis hijas yo no tengo deshonor,
»porque vos que las casasteis, rey, sabréis lo que hacer hoy:
»mas al sacar a mis hijas de Valencia la mayor,
»yo de verdad los quería de alma y de corazón;
»y en señal de mi cariño les di Colada y Tizón,
»estas las gané luchando al estilo de varón,
»para que ganaran honra y que os sirvieran a vos;
»cuando dejaron mis hijas abandonadas las dos,
»nada quisieron conmigo y así perdieron mi amor;
»denme, pues, mis dos espadas, ya que mis yernos no son.»
        Así asintieron los jueces: «Todo esto es de razón».
Dijo el conde don García: «A esto responderemos nos».
Entonces, salen aparte los infantes de Carrión
y con todos sus parientes y los que allí de ellos son,
para así tramar lo que darán por contestación:
«Aún gran favor nos hace mío Cid Campeador
»cuando de aquella deshonra de sus hijas, ahora no
»nos demanda; ya nosotros daremos al rey razón.
»Démoles, pues, las espadas que mío Cid demandó,
»y cuando las tenga, ya se podrá marchar mejor;
»ya no tendrá más derecho de nos el Campeador».
Con este acuerdo tomado vueltos a la corte son:
«¡Merced, oh rey don Alfonso, ya que sois nuestro señor.
»No lo podemos negar que dos espadas nos dio;
»cuando nos las pide ahora y les tiene tanto amor,
»nosotros se las daremos estando delante vos».
        Y sacaron la Colada y Tizón, ambas a dos,
y poniéndolas en manos del que era rey y señor,
al desenvainarlas, toda la corte se deslumbró,

sus pomos y gavilanes eran del oro mejor;
al verlas, se maravillan cuantos en la corte son.
Al Cid llamó el rey, y al punto las espadas entregó;
y al recibirlas, el Cid las manos al rey besó,
y se dirigió al escaño de donde se levantó.
En las manos las tenía, mirándolas con amor;
cambiárselas no pudieron, que él las conoce mejor
que nadie; se alegra el Cid y luego así sonrió
mientras, alzando la mano, la barba se acarició:
«Por estas honradas barbas que jamás nadie mesó,
»habrán de quedar vengadas doña Elvira y doña Sol».
A su sobrino don Pero por el nombre lo llamó,
tendió su brazo, y la espada Tizón así le entregó:
«Tómala, sobrino mío, que mejora de señor».
Al buen Martín Antolínez, aquel burgalés de pro,
tendió su brazo, y la espada Colada se la entregó:
«Mi buen Martín Antolínez, mi buen vasallo de pro,
»tomad mi espada Colada que gané de buen señor,
»de Ramón Berenguer [437] de Barcelona la mayor.
»Os la entrego para que vos la conservéis mejor.
»Sé que si el caso se ofrece o a vos viniese en sazón,
»con ella habréis de ganar grande prez y gran valor».
Besole Martín la mano y la espada recibió.
    Luego de esto, levantose mío Cid Campeador:
«¡Gracias al Creador demos y a vos, mi rey y señor!
»Ya tengo mis dos espadas juntas, Colada y Tizón.
»Mas otro rencor me queda con los condes de Carrión:
»al sacar de allá, Valencia, mis hijas ambas a dos,
»contados en oro y plata, tres mil marcos les di yo;
»yo esto hacía mientras ellos buscaban mi deshonor:
»denme, pues, aquellos bienes, ya que mis yernos no [son».

---

[437] Recuérdese la batalla con el conde de Barcelona, a quien en el poema llama Ramón Berenguer, siendo históricamente Berenguer Ramón II, el *Fratricida*. (Versos 1 al 10 de la serie 58.)

¡Aquí vierais lamentarse los infantes de Carrión!
El conde don Ramón dice: «Decid a esto que sí o no».
Entonces, así responden los infantes de Carrión:
«Ya le dimos las espadas a mío Cid Campeador,
»para que ya no nos haga ninguna reclamación» [438].
Así hubo de responderles el juez, conde don Ramón:
    «Si así le pluguiese al rey, así lo decimos nos:
»a esto que demanda el Cid, ¿qué dais en satisfacción?».
Dijo el buen rey don Alfonso: «Así, pues, lo otorgo yo».
Entonces se puso en pie mío Cid Campeador [439]:
«Y todos aquestos bienes que entonces os diera yo,
»decidme si me los dais o me dais de ellos razón».
    Entonces salen aparte los infantes de Carrión;
pero solución no encuentran, que los bienes muchos son
y ya los tienen gastados los infantes de Carrión.
Vuelven aún a consultarse, hablando así a su sabor:
«Mucho nos aprieta el Cid, el que Valencia ganó.
»Ya que de nuestras riquezas lo domina la ambición,
»se lo habremos de pagar con las tierras de Carrión».
Dijeron así los jueces, al confesarlo los dos:
«Si esto pluguiese a mío Cid, no se lo vedamos, no;
»este es nuestro parecer y así lo mandamos nos,
»que aquí entreguéis el dinero ante la corte, los dos».
    Al oír estas palabras, el rey don Alfonso habló:
«Nosotros muy bien sabemos quién tiene toda razón,
»el derecho que demanda mío Cid Campeador.
»Y de aquestos tres mil marcos, doscientos conservo yo;

---

[438] Los infantes alegan que las reclamaciones debió de haberlas fundamenta-
do el Cid todas a la vez, como exigía el formulismo de la época, y no en varias
veces, como hace el Campeador. Para ello era preciso que el rey o los jueces lo
autorizasen, repitiendo el demandante de nuevo su demanda. Por eso el juez don
Ramón lo aprueba con permiso del rey, como se ve en los versos siguientes. El Cid
vuelve a levantarse en pie, que era señal de formular nueva demanda. (Véase nota
siguiente.)

[439] El Cid se dirige directamente a los infantes y no a los alcaldes, como antes.

»a mí me los entregaron los infantes de Carrión.

»Y devolvérselos quiero, ya que malparados son,

»y que los paguen al Cid, el que en buen hora nació;

»ya que ellos lo han de pagar, no los quiero tener yo».

    Fernando González dijo, oiréis lo que así habló:

«El dinero amonedado ya no lo tenemos nos».

A esto le respondiera así el conde don Ramón:

«Toda la plata y el oro os lo habéis gastado vos;

»y así lo manifestamos ante el rey, nuestro señor;

»páguenle, pues, en especie y tómela el Campeador».

    Vieron que había que hacerlo los infantes de Carrión.

Vierais, pues, reunir tanto caballo buen corredor,

y tanta mula rolliza, y palafrén en sazón,

tantas y tantas espadas con hermosa guarnición;

recibiolo mío Cid como la corte tasó.

Sobre los doscientos marcos [440] que el rey Alfonso guardó,

pagáronle los infantes al que en buen hora nació,

prestándoles de lo ajeno, que lo suyo no alcanzo.

Mal salieron del juicio con esta resolución.


## 138

*Acabada su demanda civil, el Cid propone el reto.*

La cantidad en especie el Cid ha cobrado ya,

a sus hombres se la entrega que de ella se cuidarán.

Mas cuando esto hubo acabado, acuérdase de algo más:

---

[440] Estos doscientos marcos son la cantidad que los infantes entregaron al rey, siguiendo la costumbre de entregar el marido un regalo al que le transmita la potestad sobre la mujer, según el antiguo derecho germánico. Como el rey fue quien casó a las hijas del Cid, al rey entregaron los infantes aquella cantidad, que Alfonso, disuelto el matrimonio, no quiere retener en su poder. Los infantes, al pagar la deuda, descuentan doscientos marcos (verso 193 de la serie 137), que luego el Cid no quiere cobrar al rey. (Nota 476.)

«¡Merced, oh rey y señor, por amor de caridad!
»El rencor mayor que tengo no se me puede olvidar[441].
»Oídme toda la corte, y condoled nuestro mal:
»los infantes de Carrión deshonra me hicieron tal,
»que a menos que no los rete yo nos los puedo dejar».


### 139

*Inculpa de menos-valer a los infantes.*


«DECID, ¿qué agravio tenéis de mí, condes de Carrión,
»bien de broma o bien de veras en qué os pude agraviar yo?
»Aquí habré de repararlo, ante la corte, si no,
»¿por qué así me desgarrasteis las telas del corazón?
»Para salir de Valencia a mis hijas os di yo,
»con gran honra y con riquezas, abundantes de valor;
»si dejasteis de quererlas ya, perros de la traición,
»¿por qué quisisteis sacarlas de Valencia y de su honor?[442].
»¿Por qué teníais que herirlas con cincha y con espolón?
»Y en el robledo de Corpes las dejasteis a las dos
»a las aves de los montes y a las bestias de furor.
»Por cuanto allí les hicisteis, infames seáis los dos[443].
»Júzguelo aquí aquesta corte si no dais satisfacción.»


[441] Aquí el Cid vuelve a hacer nueva demanda, para la que solicita directamente la autorización del rey, según el derecho del demandante en las cortes. (Nota 438.)

[442] Honor. Aquí quiere decir tanto como posición, patrimonio, propiedad, como otras veces.

[443] Antes de retar al adversario había de preceder el denuesto «de menos valer» con que se inculpaba. (Como se hace en el verso 6 de la serie 144.)

## 140

*Altercado entre Garci Ordóñez y el Cid.*

El conde García Ordóñez [444] en pie ya se levantaba:
«¡Merced, oh rey, el mejor de cuantos hay en España!
»El Cid vino preparado a esta corte pregonada,
»así dejose crecer y trae luenga barba
»que a los unos pone miedo y a los otros los espanta.
»Los infantes de Carrión son de tan alta prosapia
»que aun no debieron querer sus hijas por barraganas,
»¿quién es el que se las diera por mujeres desposadas?
»Con su derecho, señor, pudieron abandonarlas.
»Cuanto él dice ahora, rey, no lo apreciamos en nada».
   Entonces el Campeador, cogiéndose de la barba:
«¡Gracias a Dios, el Señor que el cielo y la tierra manda!
»Larga es mi barba porque con regalo fue criada.
   »¿Qué tenéis que decir, conde, para afrentar a mi barba?
»Porque desde que nació con regalo fue criada,
»y de ella no me cogiera jamás una mano airada,
»ni nunca me la mesó hijo de mora o cristiana [445],
»como yo os la mesé a vos, conde, en el sitio de Cabra [446]
»cuando tomé aquel castillo y a vos, conde, por la barba,
»no hubo allí rapaz que no sacase su pulgarada;

[444] El conde García Ordóñez rechaza el reto del Cid a los infantes como para afrentarlo de este modo con su antigua enemistad. Su defensa es pobre, basándola tan solo en la alta alcurnia nobiliaria de los infantes, superior a la del Campeador.

[445] «Hijo de mora o cristiana», esto es: «nadie», «ninguno», como se aclara en la nota 51, al decir «Ni moros ni cristianos», para dar a entender «nadie».

[446] Recuerda ahora el Cid el pasaje en que él cogió prisionero al conde en el sitio de Cabra y le mesó la barba. Este pasaje —que debió de estar al principio del poema— hoy está perdido, aunque recogido en la *Crónica de Veinte Reyes de Castilla*, con cuya prosa se sustituye el fragmento desaparecido del poema, según la reconstrucción de Menéndez Pidal, quien toma el verso 3.291 de aquella crónica, en la que se disolvió el poema en el siglo XIV.

»aquella que yo arranqué, aún no la veo igualada,
»porque la traigo yo aquí en esta bolsa guardada».


## 141

*Fernando rechaza la tacha de menos-valer.*

El infante don Fernando entonces se levantó,
y dando muy grandes voces, ahora oiréis lo que habló:
«Dejaos ya, mío Cid, de tratar esta cuestión;
»de vuestros bienes perdidos, del todo pagados sois.
»No agravéis esta disputa entre vosotros y nos.
»Nacimos de la alta estirpe de los condes de Carrión [447];
»debimos casar con hijas de un rey o un emperador,
»que no nos pertenecían las hijas de un infanzón [448].
»Al dejarlas, ejercimos nuestro derecho los dos;
»más nos preciamos, sabed, que no despreciámonos».


## 142

*El Cid incita a Pero Bermúdez al reto.*

Mío Cid Rodrigo Díaz al buen Bermúdez miraba:
«¡Habla, dijo, Pero Mudo, varón que siempre te callas!
»A mis hijas las ofenden y son tus primas hermanas;
»a mí ahora me lo dicen y a ti te lo echan en cara.
»Y si yo a ello respondo, tú no habrás de entrar en armas».

---

[447] Los infantes eran hijos de Gonzalo Ansúrez, que fue, como se ha visto, el histórico conde de Carrión y Valladolid, de la familia de los Beni-Gómez. (Versos 25 y 26 de la serie 135.)

[448] Recuérdese que los infantes pertenecían a categoría noble, inferior a la de los ricoshomes. El Cid era solo de estirpe infanzona.

# 143

*Pero Bermúdez reta a Fernando.*

Entonces, Pero Bermúdez así comenzara a hablar:
trabándosele la lengua, no la podía soltar,
mas cuando empieza, sabed, ya no la puede parar:
«¡Os diré, Campeador; por costumbre tenéis ya
»el llamarme Pero Mudo [449] en las cortes a que vais!
»Bien sabéis, Campeador, que yo ya no puedo más;
»en cuanto a mi obligación, por mí no habrá de quedar.
    »Mientes, Fernando González, en cuanto tú dicho has.
»Por la ayuda de mío Cid, valiste tú mucho más.
»Tus mañas y habilidades yo te las voy a contar.
»Recuerda cuando luchamos cerca de Valencia, allá;
»pediste atacar primero [450], al Campeador leal,
»viste un moro y enseguida tú le quisiste atacar;
»pero te pusiste en fuga antes del moro llegar.
»Si yo no hubiese acudido, te burlara el moro mal;
»pasé delante de ti, con él me hube de juntar:
»y de los primeros golpes húbele de derrotar;
»te di su caballo, y el secreto hube de guardar:
»hasta hoy, este secreto a nadie quise contar.
»Delante del Cid y de todos te escuché alabar
»de que mataste tú al moro por tu valor personal,
»y todos te lo creyeron mas no saben la verdad.
»¡Eres apuesto doncel, mas cobarde si los hay!
»¡lengua sin manos tú eres! ¿Cómo te atreves a hablar?».

---

[449] Pero Bermúdez reprueba al Cid el que le llame *Pero Mudo*, diciéndole
que si no tiene facilidad en hablar, sabe cumplir, en cambio, con su obligación
como el primero. Después reta a Fernando.

[450] «Las heridas primeras.» Iniciativa en la batalla que se concedía como pre-
rrogativa especial, según se vio en la nota 262 del verso 11 de la serie 94, y en el
21 de la serie 116

## 144

*Prosigue el reto de Pero Bermúdez.*

«DI pues, Fernando González; contesta a mi acusación[451]:
»¿No te acuerdas, en Valencia, de aquel lance del león,
»cuando dormía mío Cid, y el león se desató?
»¡Eh, tú, Fernando, responde! ¿Qué hiciste con tu pavor?
»¡Te metiste bajo del escaño del Campeador!
»¡Tú te escondiste, y por eso, aún vales menos hoy!
»Cercábamos el escaño, cuidando a nuestro señor,
»hasta que despertó el Cid el que Valencia ganó:
»levantose él del escaño y al león se dirigió;
»la fiera hincó la cabeza y a mío Cid esperó,
»dejose coger del cuello y en la jaula se metió.
»Cuando se volvió después el buen Cid Campeador,
»a todos sus cortesanos los halló a su alrededor;
»preguntó por sus dos yernos ¡y a ninguno los halló!
»¡Te reto yo a desafío por malvado y por traidor!
»Esto yo lo sostendré ante el rey nuestro señor
»por las hijas de mío Cid doña Elvira y doña Sol;
»porque las habéis dejado, mucho menos valéis vos,
»ellas son mujeres y vosotros dos hombres sois,
»y aun así, de todos modos, mucho más valen que vos.
»Cuando la lid se celebre, si pluguiese al Creador,
»tú te habrás de confesar[452] a manera de traidor;

---

[451] A pesar de cambiar la asonancia, sigue el discurso de Pero Bermúdez inculpando al infante Fernando.

[452] El vencido había de confesar, «por su propia boca», que tenía razón el vencedor, o de lo contrario perder la vida. De esta manera quedaba terminada la lid, ya que el vencedor quedaba proclamado como tal por el mismo vencido. Por esto el acusador dice, al lanzar el reto, «por tu boca lo dirás» (verso 10 de la serie 146), o bien «harételo decir» (verso 8 de la serie 149). Cuando el vencido se acusaba como tal, se acusaba como traidor al reconocer la verdad de la acusación.

»y de cuanto aquí te he dicho por veraz quedaré yo.»
Y de ambos litigantes, la disputa aquí acabó.


## 145

*Diego desecha la inculpación de menos-valer.*

Habló don Diego González, oiréis lo que así dijo:
«Por naturaleza somos de aquellos condes más limpios [453],
»¡ojalá estos casamientos no se hubiesen contraído
»para no emparentar con el mío Cid don Rodrigo!
»De haber dejado sus hijas, aún no nos arrepentimos;
»mientras vivan en el mundo ya pueden lanzar suspiros:
»lo que les hicimos, siempre les ha de ser retraído.
»Esto yo lo sostendré aun contra el más aguerrido:
»que porque nos las dejamos nos honramos asimismos».


## 146

*Martín Antolínez reta a Diego González.*

El buen Martín Antolínez en pie se fue a levantar:
«¡Cállate, alevoso, calla, ruin boca sin verdad!
»Lo del león, en Valencia, no se te debe olvidar;
»te escapaste por la puerta, y te marchaste al corral
»y allí te fuiste a esconder tras la viga del lagar;
»y ponerte no pudiste más el manto ni el brial [454].
»Yo habré de lidiar contigo, de otro modo, no será:

---

[453] Limpio, esto es, los más ilustres, puros, de más limpia sangre.
[454] Al decir «nunca más vestiste el manto ni el brial», alude a los vestidos sucios que sacó el infante del lagar cuando, huyendo del león, en él fue a refugiarse. (Verso 15 de la serie 112.)

»las hijas de mío Cid las fuisteis a abandonar,
»y de todas las maneras más que vosotros valdrán.
»Cuando se acabe la lid por tu boca lo dirás [455],
»que eres traidor y mientes en cuanto aquí dicho has».


### 147

*Asur González entra en la corte.*

DE estos ambos que contienden la disputa ha terminado.
Asur González [456] entraba entonces en el palacio,
llevando el manto de armiño y su brial arrastrando;
colorado llega porque había mucho almorzado.
En aquello que dijera tuvo muy poco cuidado.


### 148

*Asur insulta al Cid.*

«¡OH señores!, ¿quién vio nunca en la corte cosa tal?
»¿Quién dijera que nobleza [457] nos diera el Cid de Vivar?
»¡Váyase ya al río Ubierna [458] sus molinos a picar
»y a cobrar maquilas [459] vaya, como suele acostumbrar!
»¿Quién le diera que sus hijas con los de Carrión casar?»

[455] Véase la nota 452.

[456] Asur González, el hermano de los infantes, hace su aparición en este momento. El juglar, que ya lo había descrito con trazos cómicos (verso 22 de la serie 107), lo presenta aquí como una figura caricaturesca.

[457] Asur González habla aquí en tono sarcástico contra el Cid. Lo llama por el nombre de su pueblo para así humillarlo más, y alude a los molinos que el Campeador tenía en el río Ubierna, echándole en cara esto como cosa impropia de gente noble.

[458] El río Ubierna pasa por Vivar, y en sus márgenes existían unos molinos que pertenecían a las posesiones del Cid. El río recibe tal nombre del lugar cuyo castillo había sido ganado a los navarros por el padre del Campeador.

## 149

*Muño Gustioz reta a Asur González.—Mensajeros de Navarra y*
*de Aragón piden al Cid sus hijas para los hijos de los reyes.—Don*
*Alfonso otorga el nuevo casamiento.—Minaya reta a los de*
*Carrión.—Gómez Peláez acepta el reto, pero el rey no fija plazo*
*sino a los que antes retaron.—El rey amparará a los tres lidiadores*
*del Cid.—El Cid ofrece dones de despedida a todos. (Laguna.*
Prosa de la «Crónica de Veinte Reyes»).—*El rey sale de Toledo*
*con el Cid.—Manda a este correr su*
*caballo.*

Y Muño Gustioz entonces en pie se puso y habló:
«¡Calla —le dijo—, alevoso, calla, malvado y traidor!
»Antes te vas a almorzar que acudes a la oración:
»aquellos a los que besas [460] los espantas con tu olor.
»No dices verdad alguna ni al amigo ni al señor;
»eres falso para todos y más falso para Dios.
»En tu amistad yo no quiero tener participación.
»Te he de obligar a decir [461] que eres tal cual digo yo».
Dijo el rey Alfonso entonces: «Termine ya esta cuestión.
»Aquellos que se han retado, lidiarán, quiéralo Dios».
    Así como fue acabada esta enconada cuestión,
dos caballeros entraron en la corte, ambos a dos:
a uno llamaban Ojarra, a otro Íñigo Jimenón [462],

---

[459] La maquila es la cantidad de grano o de harina que se paga al molinero como precio de la molienda.

[460] Quiere decir tanto como «saludas» por la costumbre de saludar dando un beso. El texto dice: «A los que das paz», que quiere decir a los que besas, ya que en la misa, cuando el sacerdote decía «pax Dómine», los fieles se besaban unos a otros.

[461] Esto es, te reto a desafío, en el que, como perderás, habrás de confesarte vencido, ya que, según la costumbre caballeresca, el vencido había de confesar la razón del vencedor, como se ve en el verso 8 de la serie 149. Nota 452.

[462] Estos dos enviados de los infantes de Navarra y Aragón llevan, según el juglar, nombres apropiados a su origen. *Ojarra* es nombre vasco, apropiado a un

uno era del infante de Navarra rogador [463]
y el otro lo era también del infante de Aragón;
saludan al rey, y luego besan sus manos los dos,
y después, piden sus hijas a mío Cid Campeador,
para que sean las reinas de Navarra y Aragón [464],
y que se las diesen piden con honra y en bendición [465].
Después de esto, se callaron, la corte los escuchó.
Entonces, alzose en pie mío Cid Campeador:
«¡Merced, rey Alfonso, ya que sois mi rey y señor!
»Eso agradecerle debo a Dios nuestro Creador,
»que me pidan a mis hijas, de Navarra y Aragón.
»Vos, antes, las desposasteis, vos fuisteis, que no fui yo [466];
»he aquí a mis hijas, pues, que ahora en vuestras manos son:
»sin que vos deis la licencia, nada tengo que hacer yo».
Se levantó el rey y a todos que callaran les mandó:
«Os digo, Cid Ruy Díaz, mi cabal Campeador,

personaje navarro. El nombre de Íñigo es también habitual en Aragón y Navarra. En la historia se recuerda un Enneco Semonones (Íñigo Jiménez), que por los años 1107 a 1129 fue gobernador de Calahorra y Calatayud, de la corte de Alfonso I el Batallador, de Aragón. Los personajes aquí mencionados no tienen confirmación histórica alguna.

[463] Recuérdese que «rogador» era el encargado de pedir la novia para entregarla al prometido, según la costumbre medieval. (Verso 5 de la serie 10.) A estos enviados de los reyes de Navarra y Aragón se entregan las hijas del Cid para que, como rogadores, las entreguen a su vez a sus nuevos mandos. (Véanse los versos 37 al 40 de la serie 149.)

[464] Las hijas del Cid, históricamente, no se casaron con los infantes de Navarra y Aragón, como dice el juglar, para conseguir el efecto literario. La mayor, Cristina Rodríguez, se casó con Ramiro, infante de Navarra y señor de Monzón; y María Rodríguez con el conde de Barcelona, Ramón Berenguer III. Por tanto, nunca fueron reinas de Navarra y Aragón, como dice el juglar. El hijo de la primera y el bisnieto de la segunda sí que llegaron a ocupar los tronos de Navarra y Aragón, respectivamente, con lo cual la estirpe del Cid emparentó con las casas reales navarra y aragonesa.

[465] Esto es, en canónico casamiento y con la condición de honroso.

[466] Alusión a la imposición real del primer casamiento contra la voluntad del Cid, quien siempre receló de aquellas bodas, como se desprende de tantos pasajes del poema.

»que si a vos os satisface, así lo otorgaré yo
»y que aquestos casamientos concierte la corte hoy,
»que ellos habrán de aumentaros en propiedades y honor».
Levantose el Cid entonces y al rey las manos besó:
«Cuanto a vos os place, rey, otórgolo yo, señor».
Entonces, así el rey dijo: «¡Dios os dé buen galardón!
»A vos, pues, Ojarra, y a vos Íñigo Jimenón,
»los casamientos propuestos ahora autorizo yo,
»de las hijas de mío Cid doña Elvira y doña Sol,
»con los infantes aquellos de Navarra y de Aragón [467];
»yo os las tengo que entregar con honra y en bendición».
En pie levantose Ojarra, como Íñigo Jimenón,
y le besaron las manos al rey Alfonso los dos,
y fueron, luego, a besarlas a mío Cid Campeador;
hiciéronse las promesas [468], y de cuanto se trató
los juramentos se hicieron de así cumplirlo, o mejor.
Esto, a muchos de la corte les plugo de corazón;
pero disgustó a los que eran de los condes de Carrión.
    Álvar Fáñez de Minaya se levanta, y así habló:
«Merced os pido yo ahora, como a mi rey y señor,
»y que aquesto no le pese a mío Cid Campeador:
»bien libres os he dejado en toda esta corte de hoy,
»mas decir quisiera ahora algo que he pensado yo».
Dijo el rey: «Podéis hablar, os oigo de corazón;
»decid, Minaya Álvar Fáñez, hablad a vuestro sabor».
    «Yo ruego que me escuchéis todos cuantos aquí sois,
»que un grande rencor yo tengo a los condes de Carrión.
»Yo, entonces, les di mis primas porque el rey me lo mandó,
»y ellos así las tomaron con honor y en bendición;
»cuantiosos bienes les diera mío Cid Campeador,

---

[467] Estos segundos casamientos son los históricos, mas no en la forma en que dice el juglar, sino en la que se explica en la nota 464.

[468] Se hicieron las «promesas» con el juramento acostumbrado, poniendo el que juraba sus manos entre las que recibía el juramento.

»y ellos las abandonaron y muy a pesar de nos.

»¡Yo los reto desde ahora por traidores a los dos!

»De casta de Beni-Gómez [469] entrambos venidos son,

»de donde salieron condes de grande prez y valor;

»mas bien sabemos las mañas que ellos suelen gastar hoy.

»Esto debo agradecer a nuestro padre Creador,

»que ahora pidan a mis primas doña Elvira y doña Sol

»para casar con infantes de Navarra y de Aragón;

»antes ellas fueron vuestras mujeres para los dos,

»ahora besaréis sus manos y las rendiréis honor;

»y las habréis de servir por mucho que os pese a vos [470].

»¡Gracias al Dios de los cielos y al rey Alfonso les doy

»porque así crece la honra de mío Cid Campeador!

»Y en todas vuestras acciones tales sois cual digo yo;

»y si hay aquí quien responda o alguien que diga que no,

»soy Álvar Fáñez Minaya, y para todo el mejor.»

Entonces Gómez Peláez [471] en su pie se levantó:

«¿Qué vale, Minaya, dice, toda esa larga razón?

»Muchos hay en esta corte para contender con vos,

»y quien otra cosa diga sería en su deshonor.

»Si Dios quisiese que de esta saliera yo vencedor,

»después habréis de decir qué dijisteis o qué no».

Dijo el rey Alfonso: «Aquí se acabe esta discusión:

»no diga ninguno ya más sobre esto su opinión.

»Mañana sea la lid tan pronto amanezca el sol,

---

[469] Los Beni-Gómez o descendientes de Gómez Díaz, conde de Carrión y de Saldaña, eran los que componían la familia de los infantes, de antiguo enemiga del Cid. (Versos 7 y 7 de las series 124 y 141, respectivamente.)

[470] Compárese este verso con lo que dicen los infantes en el verso 6 de la serie 130. Allí ellos se alaban de que sus mujeres no eran dignas de ello por su estirpe; aquí Minaya les echa en cara que ahora habrán de humillarse ante las que un día despreciaron.

[471] Gómez Peláez es personaje sin identificar históricamente. Por el apellido el juglar le pone en el bando de los de Carrión. Recoge el reto de Minaya y quedan desafiados, pero el rey corta la discusión y acepta tan solo los tres desafíos concertados anteriormente, que anuncia para celebrarse al día siguiente.

»tres a tres de aquellos que se desafiaron hoy».

Luego, se alzaron a hablar los infantes de Carrión:
«Dadnos plazo, que mañana no puede ser para nos,
»pues las armas y caballos dímosle al Campeador [472]
»y antes habremos de ir a las tierras de Carrión».
Entonces, el rey Alfonso le dijo al Campeador:
«Sea esta lid celebrada en donde mandareis vos».
A esto, respondiole el Cid: «No puedo hacerlo, señor;
»prefiero ir a Valencia que a las tierras de Carrión».
Entonces, respondió el rey: «Conformes, Campeador.
»Dadme vuestros caballeros con toda su guarnición
»y que se vengan conmigo, yo seré su protector;
»y yo os garantizo como al vasallo hace el señor [473],
»que no tendrán violencias, de conde ni de infanzón.
»Aquí les señalo el plazo que desde ahora les doy,
»y pasadas tres semanas, en las vegas de Carrión,
»que se celebre la lid estando presente yo;
»quien no acudiese en el plazo, que pierda de su razón [474],
»que se declare vencido y que huya por traidor».
Recibieron la sentencia los infantes de Carrión.
Mío Cid Rodrigo Díaz al rey las manos besó:
«Estos caballeros míos en vuestras manos ya son.
»a vos os lo encomiendo, como a mi rey y señor.
»Ellos están preparados para cumplir su misión,
»¡devolvédmelos con honra a Valencia la mayor!».
Entonces repuso el rey: «Así lo permita Dios».

---

[472] Aluden al pago que hicieran al Cid en aquellas cortes, anteriormente. (Versos 189 al 194 de la serie 137.)

[473] El señor tenía la obligación de amparar al vasallo contra cualquier violencia o deshonra. Las violencias a que aluden son las que podían venir de los partidarios de los de Carrión, que pudieran tender alguna celada a los caballeros del Cid, valiéndose del desconocimiento que estos tenían de los terrenos castellanos.

[474] Esto es, que pierda su derecho y se declare vencido, quedando como traidor; pena impuesta por el rey a quienes faltaren a la lid de Carrión.

Allí se quitó el capillo mío Cid Campeador,
y la cofia toda de hilo, que era blanca como el sol,
y soltándose la barba la desató del cordón [475].
No se hartaban de mirarlo cuantos en la corte son.
Se dirigió al conde Enrique y luego al conde Ramón;
los abrazó estrechamente, rogando de corazón
que tomasen de sus bienes cuanto quisieren los dos.
A estos, como a los otros que de su partido son,
a todos les va rogando que tomen a su sabor;
algunos hay que sí cogen, algunos los hay que no.
Aquellos doscientos marcos [476] al rey se los perdonó
y de todo cuanto tiene al rey Alfonso ofreció:
«¡Merced os pido, oh rey, por amor del Creador!
»Ya que todos los negocios tan bien arreglados son,
»beso vuestras reales manos con vuestra gracia, señor,
»y marchar quiero a Valencia, que con afán gané yo» [477].

Entonces, mandó dar el Cid a los mandaderos de los infantes de Navarra y Aragón, bestias y todo lo que hubieran menester, y enviolos.

El rey don Alfonso cabalgó entonces con todos los varones ilustres de su corte para salir con el Cid, que se iba ya de la villa.

Y cuando llegaron a Zocodover, yendo en su caballo Babieca el Cid, díjole el rey: «Don Rodrigo, debíais ahora hacer correr ese caballo del que tan bien he oído hablar». El Cid se sonrió y dijo:

[475] El Cid, ahora, creyéndose ya seguro contra todo ultraje posible, desata el cordón que la sujetaba y deja libre la barba, que ató. (Verso 38 de la serie 137.)

[476] Alusión a los doscientos marcos que retuvo el rey y que ahora habrá de devolver al Cid, según el acuerdo de la corte. Esta cantidad es la que los infantes entregaron al monarca en concepto de rogador de las primeras bodas. (Verso 178 de la serie 137.)

[477] A partir de este verso falta un folio en el único manuscrito del poema. El señor Menéndez Pidal suple esta laguna con el relato correspondiente, prosificado ya, de la *Crónica de Veinte Reyes de Castilla*.

«Señor, aquí en vuestra corte hay muchos varones preparados para hacer eso; mandadles a ellos que breguen con sus caballos».

El rey le dijo: «Cid, estoy orgulloso de cuantos decís; mas, a pesar de todo, quiero aún que corráis ese caballo para complacerme».

### 150

*El rey admira a Babieca, pero no lo acepta en don.—Últimos encargos del Cid a sus tres lidiadores.—Tór-nase el Cid a Valencia.—El rey, en Carrión.—Llega el plazo de la lid.—Los de Carrión pretenden excluir de la lid a Colada y Tizona.—Los del Cid piden al rey amparo y salen al campo de la lid.—El rey designa fieles del campo y amonesta a los de Carrión.—Los fieles preparan la lid.—Primera acometida.—Pero Bermúdez vence a Fernando.*

El Cid espoleó entonces el caballo, y tan reciamente le hizo correr que todos se maravillaron de aquella carrera.

El rey alzando la mano, la cara se santiguó:
«Yo juro ahora por san Isidoro de León,
»que por todas nuestras tierras no existe tan buen varón».
Mío Cid con su caballo ante el mismo rey llegó
para besarle la mano, como a monarca y señor:
«Me mandaste hacer carrera con Babieca el corredor [478],
»caballo así no lo tienen moros ni cristianos hoy [479];
»yo os lo entrego, rey Alfonso, servíos tomarlo vos».
Entonces, dijo así el rey: «Eso yo no quiero, no,
»que al tomarlo yo, el caballo perdiera tan buen señor.

---

[478] Recuérdese lo dicho sobre las carreras y ejercicios de equitación de los caballeros en la nota 249.

[479] «Moros ni cristianos», esto es, en «ninguna parte» hay caballo como este.

»Este caballo, como es, tan solo es digno de vos,
»para vencer a los moros y ser su perseguidor;
»quien quitároslo quisiere no le valga el Creador,
»por vos y por el caballo muy honrados somos nos».
    Entonces se despidieron, y a la corte el rey volvió.
Mío Cid a los que habían de lidiar aconsejó:
«¡Martín Antolínez y Pero Bermúdez, los dos,
»y Muño Gustioz también, mi buen vasallo de pro,
»estad firmes en el campo como cumple al buen varón;
»y que lleguen buenas nuevas allá a Valencia, de vos».
Dijo Martín Antolínez: «¿Por qué lo decís, señor?
»Ello queda a nuestro cargo [480] y ello es nuestra obligación;
»podréis oír hablar de muertos, pero de vencidos, no».
Contento se fue por esto el que en buen hora nació;
y se despidió de todos sus amigos que allí son.
Mío Cid marchó a Valencia y el rey a Carrión marchó.
    Las semanas, acordadas, ya las tres cumplidas son.
Helos que llegan al plazo los del Cid Campeador;
cumplir quieren el deber que les mandó su señor;
ellos están al amparo de Alfonso el de León;
dos días aún esperaron a los condes de Carrión.
Vienen pertrechados de caballos y guarnición;
y todos los sus parientes de acuerdo con ellos son
que si apartarlos pudiesen a los del Campeador,
los matasen en el campo deshonrando a su señor [481].
El propósito fue malo, y a cabo no se llevó
porque gran miedo tuvieron a Alfonso el de León.
    De noche velan las armas [482] y ruegan al Creador.

[480] «Nos hemos comprometido y así lo cumpliremos; primero nos dejaremos matar que abandonaremos nuestro deber.»

[481] Los de Carrión planean alevosamente un acto de violencia contra los caballeros del Cid antes de llegar al torneo, pero el temor que les impone la orden severa del rey les impide realizarlo por cobardía.

[482] La vela de las armas era costumbre caballeresca, como ya se vio en la nota 421 al verso 7 de la serie 136.

Pasada que fue la noche y se quebraba el albor,
se van congregando muchos de aquellos hombres de pro
para presenciar la lid a su gusto y su sabor;
y sobre todos, allí está Alfonso el de León
para que hubiese justicia y no hubiese fraude, no.
Ya se vestían las armas los del buen Campeador,
y los tres iban de acuerdo ya que sirven a un señor.
En otro lugar se armaban los infantes de Carrión,
mientras los va amonestando García Ordóñez, mejor.
Estuvieron discutiendo y al rey pidieron que no
se emplease la Colada ni Tizón, aquellas dos
espadas, que no las usen los del Cid Campeador [483].
Arrepentidos estaban de darlas los de Carrión.
Así pidieron al rey, mas no se lo concedió:
«No se exceptuó ninguna, al tratar de la cuestión.
»Si buenas las tenéis, pueden aprovecharos a vos;
»otro tanto habrán de hacer los del Cid Campeador.
»Andad y salid al campo así, infantes de Carrión,
»que es necesario lidiar a modo de buen varón,
»que por nada han de quedar los del Cid Campeador.
»Si del campo salís bien, alcanzaréis gran honor;
»mas si quedaseis vencidos no habéis de culpar a nos
»porque todos saben ya que lo habéis buscado vos».
Ya se van arrepintiendo los infantes de Carrión,
de aquello que habían hecho muy arrepentidos son;
no hubieran querido hacerlo por cuanto hay en Carrión.
    Ya están armados los tres de mío Cid Campeador,
y a visitarlos los fue don Alfonso el de León.
Entonces, así le dicen los del Cid Campeador:

---

[483] El rey no les concede a los de Carrión la gracia de que sean retiradas las espadas del Cid, alegando que al tratar de la cuestión de la lid en las cortes, nada propusieron los condes sobre este particular; por tanto, ahora no podían excluirse las espadas si con ellas iban los del Cid al desafío.

«Os besamos vuestras manos[484] como a buen rey y señor
»y que seáis juez de ellos y nuestro en la lid de hoy;
»en la justicia, valednos; pero en la injusticia, no[485].
»Aquí tienen su partido los infantes de Carrión,
»y no sabemos qué cosas pueden tramar contra nos.
»Bajo la protección vuestra nos puso nuestro señor;
»¡mantenednos en justicia, por amor del Creador!».
Entonces, dijo así el rey: «Con alma y de corazón».

Trajéronles los caballos, los de andadura veloz;
santiguaron a las sillas, cabalgaron con ardor;
los escudos sobre el cuello[486] que bien broquelados son;
y en las manos van las astas[487] con buen hierro tajador,
las tres lanzas llevan todas al extremo su pendón;
y muchos buenos varones van de ellos alrededor.
Ya se salían al campo entre mojón y mojón[488].
Los tres estaban de acuerdo los del Cid Campeador
para que cada uno de ellos fuera a herir a su agresor[489].
He aquí, de la otra parte, los infantes de Carrión,
que van muy acompañados, que muchos parientes son.
El rey les señaló jueces, que a quien tenga, den razón[490],

[484] «Os besamos», esto es: «os pedimos que». Para esta fórmula véase el verso 6 de la serie 10 y la nota 53.

[485] «Pedimos amparo en la justicia, mas no pedimos que nos valgáis con injusticia», pues como aquí está el partido de los de Carrión, temen que les puedan preparar alguna emboscada.

[486] Recuérdese la costumbre de los caballeros de llevar el escudo colgado al cuello para tener más desembarazadas las manos y poder manejarse mejor sobre el caballo.

[487] Las lanzas se componían de asta de madera que terminaba con un «hierro tajador», junto al cual iba arrollada la tela del pendón que cada lanza solía llevar.

[488] Los mojones delimitaban el campo que había de servir para la lid, de modo que el salirse de ellos equivalía a abandonar la liza y darse por vencido.

[489] Se pusieron de acuerdo para que cada uno de los contendientes se dirigiera a su adversario tan solo, a fin de tener más fijo si objetivo contra el que había de luchar.

[490] El rey les señaló jueces de fallo inapelable que diesen la sentencia, mas no entrasen en discusión con ninguna de las partes sobre la razón de cada cual.

que no disputen con ellos sobre sí o sobre no.
Cuando en el campo estuvieron, así el rey Alfonso habló:
«Oíd lo que ahora os digo, oíd condes de Carrión:
»esta lid debió de hacerse en Toledo, pero no
»quisisteis vosotros. Estos jinetes del Campeador
»los traje bajo mi guarda [491] a las tierras de Carrión.
»Teneos en vuestro derecho y ningún fraude hagáis vos,
»porque aquel que fraude hiciere, se lo habré de vedar yo,
»y en todos los reinos míos no vivirá a su sabor» [492].
Ya mucho les va pesando a los condes de Carrión.

   Los jueces y el rey señalan el campo con un mojón [493],
salieron después del campo, quedando a su alrededor.
Bien se lo dijeron a los seis que juntados son
que quedaría vencido quien saliese del mojón [494].
Todas las gentes, entonces, se esparcen alrededor
a la distancia de seis astas antes del mojón [495].
Sorteábanles el campo y les partían el sol,
ya se apartaban los jueces y ellos cara a cara son [496].
Arremeten los del Cid a los condes de Carrión,
y los de Carrión, después, a los del Campeador;
cada uno de ellos piensa en el frontero agresor;
y embrazan ya sus escudos delante del corazón,

[491] «Los traje bajo mi protección y salvaguarda», como se dice en los versos 96 y 98 de la serie 149, y en su nota, la 473.
[492] El rey amenaza con destierro del reino a quien haga fraude en la lid.
[493] El campo se señalaba con mojones, como se ha visto. El rey personalmente, y con los jueces, marca los mojones, saliéndose luego del campo y quedando como espectadores.
[494] El que se saliese de los mojones quedaría declarado como vencido, según los usos caballerescos.
[495] Las gentes se esparcen alrededor del campo y a la distancia de seis astas de lanza de los mojones que lo delimitan.
[496] La liza se sorteaba entre los dos bandos contendientes, echando suertes sobre cada una de las mitades del campo, a fin de que las condiciones del terreno no estuviesen de parte de ninguno de los dos bandos, procurándose así que estuviesen en igualdad de condiciones de lid.

bajan las lanzan envueltas cada cual con el pendón,
y las caras inclinando por encima del arzón,
batiendo van los caballos a golpe de su espolón,
temblar quería la tierra de aquella lucha al fragor.
Cada uno de ellos piensa solamente en su agresor;
todos, tres a tres, se juntan mezclados en confusión;
ya los contaban por muertos los que están alrededor [497].

Pero Bermúdez, aquel que antes su reto lanzó,
con don Fernando González cara a cara se juntó,
golpéanse en los escudos sin reposo ni pavor.
Por fin, Fernando González el escudo atravesó
de Pero, mas dio en vacío y en carne no le tocó,
y por dos sitios distintos el astil se le quebró.
Firme está Pero Bermúdez, por eso no se torció;
y si un golpe recibiera, él otro más fuerte dio:
partió el forro del escudo, y fuera de sí lo echó,
y atravesándolo todo, así nada le sirvió.
Le hundió la lanza en el pecho muy cerca del corazón;
mas la loriga, en tres dobles, a Fernando le salvó,
dos de ellos se desmallaron y el tercero resistió:
el belmez [498] con la camisa y a más con la guarnición,
dentro de la carne más de una mano le metió;
y de la boca hacia fuera mucha sangre le salió.
Partiéndosele las cinchas, que ninguna le valió,
por la cola del caballo el jinete resbaló.
Por muerto le da la gente al mirar al de Carrión,
Pero, dejando la lanza, mano a la espada metió,
cuando Fernando González a Tizón reconoció,

[497] Tal era el encarnizamiento de los combatientes, que los espectadores pensaban que a cada instante habían de caer muertos los lidiadores.
[498] Tal fue la violencia del golpe de la lanza que, aunque no le rompió la loriga, le hundió en la carne la ropa que llevaba debajo de la armadura. Recuérdese que el belmez era una túnica acolchada colocada debajo de la loriga. (Verso 15 de la serie 137.)

antes de esperar el golpe, dijo así [499]: «¡Vencido soy!».
Así asintieron los jueces, y Bermúdez lo dejó.


## 151

*Martín Antolínez vence a Diego.*

Martín y Diego González se acometen con las lanzas,
y tales los golpes fueron que quebradas quedan ambas.
Martín Antolínez, luego, echó mano de la espada
que hace relumbrar el campo, tan limpia es y tan clara;
y dio un golpe a su adversario que de lado lo tomara;
la parte alta del yelmo del golpe se la arrancara,
las correas que lo tienen todas quedaron cortadas
y arrancándole el almófar, hasta la cofia llegara,
y la cofia y el almófar, se lo arranca con la espada,
los pelos le va cortando y hasta la carne llegara;
todo cayó por el campo, mas él derecho quedaba.
Cuando este golpe le da con la Colada preciada,
Diego González ya ve que no escapará con alma;
tira la rienda al caballo para volverse de cara,
la espada lleva en la mano pero no se atreve a usarla.
Entonces el buen Martín lo recibió con la espada,
un golpe le dio de plano, que de filo no le alcanza.
Entonces, Diego, el infante, con grandes voces clamaba:
«¡Valedme, Señor glorioso, libradme ya de esta espada!».
El caballo refrenó y, para huir de la Colada,
sacolo del mojón [500], mientras Martín en el campo estaba.

---

[499] Al darse por vencido el caballero, debía reconocer «por su boca» la verdad de las inculpaciones que le hizo el vencedor, según la costumbre de la lid. (Véase el verso 22 de la serie 144.)

[500] Salirse fuera de la demarcación de los mojones equivalía a quedar vencido, sin necesitar la confesión de «su propia boca». (Verso 103 de la serie 150.)

Entonces dijo así el rey [501]: «Venid vos a mi compaña;
»por cuanto habéis hecho ya, ganado habéis la batalla».
Y otorgáronle los jueces que era verdad su palabra.


## 152

*Muño Gustioz vence a Asur González.—El padre de los infantes*
*declara vencida la lid.—Los del Cid vuelven cautelosamente a*
*Valencia.—Alegría del Cid.—Segundos matrimonios de sus*
*hijas.—El juglar acaba su poema.*

Los dos han sido vencidos [502]. Ahora os quiero contar yo
cómo Gustioz con Asur González cual se arregló.
Hiriéronse en los escudos con grandes golpes los dos.
Era Asur González muy forzudo y de gran valor,
y a Muño Gustioz, con fuerza, en el escudo lo hirió;
tras el escudo embragado la guarnición falseó;
pasó en vacío la lanza, la carne no le rozó.
Al recibir este golpe, Muño Gustioz, otro dio:
y por medio de la bloca el escudo quebrantó,
no lo pudo resistir, falseó la guarnición,
y se la clavó en un lado, mas no en el del corazón;
metiéndole carne adentro la lanza con el pendón [503]
y por detrás de la espalda una braza la sacó,

---

[501] Cuando el infante sale de los mojones, el rey y los jueces dan por termina-
da la lid.

[502] Este verso puede inducir a equivocación. «Los dos han sido vencidos»
se refiere a los dos infantes de Carrión, no a los dos contendientes. El juglar,
al dar por despachados a los infantes, dice por su cuenta que quiere relatar la
lid de Muño Gustioz y Asur Gon-zález.

[503] Ya se ha dicho que al atacar con la lanza solía hincarse el hierro taja-
dor de ella y con él se hundía la tela del pendón, que quedaba empapada en la
sangre de la víctima. Aquí, al hundirle la lanza, atraviesa a la víctima de tal
manera que por su espalda saca una braza del asta heridora.

y dando un tirón con ella en la silla lo movió,
y al ir a sacar la lanza, en tierra lo derribó;
bermejo salía el astil como la lanza y pendón.
Todos estaban seguros que por muerto se quedó.
La lanza volvió a tomar y contra él arremetió;
mas dijo Gonzalo Ansúrez [504]: «¡No lo hiráis ya más, por Dios!
»¡Vencido está ya en el campo; este combate acabó!».
Dijeron los jueces: «Esto lo hemos oído los dos».

Mandó despejar el campo don Alfonso el de León [505],
las armas que allí quedaron para sí el rey las tomó.
Declarados vencedores, se van los del Campeador;
vencieron en esta lid gracias a Dios Creador.
Grandes eran los pesares por las tierras de Carrión.

El rey, a los de mío Cid de noche los envió
para que de algún asalto no tuvieran el temor [506].
A manera de prudentes van en carrera veloz
y helos en Valencia ya con el Cid Campeador.
Por maltrechos se dejaron a los condes de Carrión:
han cumplido ya el deber que les mandó su señor;
mucho se alegró al saberlo mío Cid Campeador.
Envilecidos quedaron los infantes de Carrión.
Quien a una dama escarnece y la abandona traidor,
esto suele acontecerle, o tal vez cosa peor.

Dejemos ya los asuntos de los condes de Carrión,
que con lo que han recibido ya bien castigados son;

---

[504] Gonzalo Ansúrez —que, como se recordará, era el padre de los infantes de Carrión—, al ver tan malparado a su hijo, se apresura a declararlo vencido para evitar que Muño Gustioz lo remate, ya que Asur, por haber perdido el habla a causa de la herida, no podía declararse por sí mismo como vencido.

[505] El rey mandó despejar el campo una vez terminada la lid. Según las leyes y costumbres, el rey podía tomar las armas que allí quedaran. Según las *Partidas*, las armas y los caballos de los vencidos por alevosos eran incautados por el mayordomo del rey.

[506] Recuérdese el temor del Cid al dejar a sus caballeros, que quedaron bajo la promesa del rey de darles protección que pudiera salvarlos de las asechanzas de los partidarios de los de Carrión.

hablemos nosotros de este que en buena hora nació.
Grandes son los alborozos en Valencia la mayor,
porque victoriosos fueron los del Cid Campeador.
Cogiose entonces la barba Ruy Díaz su señor:
«¡Gracias al Rey de los cielos, mis hijas vengadas son!
¡Ahora sí que tendrán libres [507] sus herencias de Carrión!
»Pese a quien pese, ya puedo casarlas a gran honor».
    Ya comenzaron los tratos con Navarra y Aragón,
y celebraron su junta con Alfonso el de León.
Hicieron sus casamientos doña Elvira y doña Sol;
si los de antes buenos fueron, estos aún lo son mejor [508];
con mayor honra las casa que otro tiempo las casó.
Ved cómo aumenta la honra del que en buen hora nació,
al ser señoras sus hijas de Navarra y Aragón.
Todos los reyes de España por parientes tiene hoy,
que a todos alcanza honra por el que en buena nació [509].

[507] Aquí habla el Cid con ironía al decir que las heredades de Carrión han de ser de sus hijas, mas libres de todo gravamen, esto es, sin el recuerdo de la afrenta, ya vengadas con la justicia de la lid.

[508] Estos segundos casamientos eran, en efecto, de mucho más rango nobiliario y mayor honor para las hijas del Cid que hubieran sido los efectuados con los infantes de Carrión

[509] La estirpe del Cid estaba emparentada ya con las casas reinantes en España al tiempo de componerse el poema. El rey de Navarra, García Ramírez, era nieto del Campeador; la bisnieta del Cid, hija de este rey, Blanca de Navarra, casó con el heredero de Castilla, Sancho. De este casamiento, consumado en 1151, nació Alfonso VIII, primer rey de Castilla descendiente del Campeador. Las hijas de Alfonso VIII llevaron después la estirpe del Cid a la casa real de Portugal (1208) y de Aragón (en 1221). El mismo emperador Carlos V reconocía en una real cédula, en 1541, ser descendiente del Cid Campeador. (Véase la nota 464 al verso 18 de la serie 149.)

Dejó este siglo mío Cid, que fue en Valencia señor,
día de Pentecostés[510]; ¡de Cristo alcance el perdón!
¡Así hagamos nosotros, el justo y el pecador!
Estas fueron las hazañas de mío Cid Campeador[511];
en llegando a este lugar se termina esta canción.

[510] *Cinquaesma*, que dice el poema, es la Pascua de Pentecostés, que se celebraba, según las *Partidas,* «a cinquaenta días del día de Pascua mayor, la de cuaresma». El Cid murió el año 1099, ignorándose el día y el mes. La *Historia latina* del héroe dice que en el mes de julio; el 10 de julio, según la *Crónica particular del Cid*; el 15 de mayo, según la primera *Crónica General;* el 29 de mayo, domingo de Pentecostés, según se desprende de lo dicho por el juglar del poema.

[511] Con estos dos versos termina el juglar su obra. Posteriormente, el copista, Per Abbat, añadió un éxplicit que decía:

> *Quien escrivió este libro*
> *del Dios paraíso.*
> *Per Abbat lo escrivió en el mes de mayo,*
> *en era de 1345 años.*

O sea, haciendo el cómputo, el año 1307 de la era cristiana. Pos-teriormente se añadió otro éxplicit de distinta mano, si bien en el mismo siglo XIV. Parece que se hizo para que el juglar recitador del poema se dirigiese a los oyentes. Dice así:

> *El romanz es leído,*
> *darnos del vino;*
> *si non tenedes dinero,*
> *echad allá unos peños,*
> *que bien vos lo darán sobre'elos.*

Con esta fórmula se seguía la costumbre de juglares y recitadores de pedir dinero, o vino a falta de él, en pago de sus recitaciones. Usual era también dar a los juglares peños, o sea prendas, que consistían en galas o alhajas, que luego el juglar podía vender para allegarse dinero con que mantenerse a lo largo de su constante peregrinar ejerciendo su menester de juglaría por las tierras de España.